Ashraf Sharawy
Lamyaa Taha

Głębokie uczenie się

AF535514

Ashraf Sharawy
Lamyaa Taha

Głębokie uczenie się

Sztuczne sieci neuronowe (ANN)

Wydawnictwo Bezkresy Wiedzy

Imprint
Any brand names and product names mentioned in this book are subject to trademark, brand or patent protection and are trademarks or registered trademarks of their respective holders. The use of brand names, product names, common names, trade names, product descriptions etc. even without a particular marking in this work is in no way to be construed to mean that such names may be regarded as unrestricted in respect of trademark and brand protection legislation and could thus be used by anyone.

Cover image: www.ingimage.com

This book is a translation from the original published under ISBN 978-620-0-53129-2.

Publisher:
Wydawnictwo Bezkresy Wiedzy
is a trademark of
Dodo Books Indian Ocean Ltd., member of the OmniScriptum S.R.L Publishing group
str. A.Russo 15, of. 61, Chisinau-2068, Republic of Moldova Europe
Printed at: see last page
ISBN: 978-620-0-81695-5

Copyright © Ashraf Sharawy, Lamyaa Taha
Copyright © 2020 Dodo Books Indian Ocean Ltd., member of the OmniScriptum S.R.L Publishing group

Głębokie uczenie się

Ashraf Sharawy i Lamyaa Taha

Spis treści

Streszczenie

Głębokie uczenie się jest w dzisiejszych czasach gorącym tematem badawczym. Sieci neuronowe są końmi roboczymi głębokiego uczenia się. W tych badaniach badano podstawy sieci neuronowych. Sieci neuronowe można zdefiniować jako struktury składające się z gęsto połączonych ze sobą adaptacyjnych, prostych elementów przetwarzających (zwanych sztucznymi neuronami lub węzłami), które są zdolne do wykonywania masowo równoległych obliczeń dla przetwarzania danych i reprezentacji wiedzy.

Wspomniano o definicji sztucznej sieci neuronowej, omówiono konstrukcję sieci neuronowej, przeanalizowano naukę o sieci neuronowej, omówiono najpopularniejsze typy sieci neuronowych, takie jak sieci Hopfielda, sieci z teorii rezonansu adaptacyjnego (ART), sieci Kohonena, sieci backpropagacji, sieci prądu przemiennego, sieci przeciwdziałające propagacji i sieci z funkcją bazy radialnej (RBF) oraz przeanalizowano ogólne zagadnienia związane z rozwojem ANN.

1. Sztuczne sieci neuronowe (ANN)

Sztuczne sieci neuronowe (ANN) są stosunkowo nowymi narzędziami obliczeniowymi, które znalazły szerokie zastosowanie w rozwiązywaniu wielu złożonych, rzeczywistych problemów. Atrakcyjność ANN wynika z ich niezwykłej charakterystyki przetwarzania informacji związanej głównie z nieliniowością, wysokim stopniem równoległości, tolerancją na błędy i szumy oraz zdolnością uczenia się i generalizacji.

ANN można zdefiniować jako struktury składające się z gęsto połączonych ze sobą adaptacyjnych prostych elementów przetwarzających (zwanych sztucznymi neuronami lub węzłami), które są zdolne do wykonywania masowo równoległych obliczeń w celu przetwarzania danych i reprezentacji wiedzy (Hecht-Nielsen, 1990; Schalkoff, 1997). Chociaż ANN są drastycznymi abstrakcjami biologicznych odpowiedników, to jednak nie chodzi o to, by powielać działanie systemów biologicznych, lecz by wykorzystywać to, co wiadomo o funkcjonalności sieci biologicznych do rozwiązywania złożonych problemów. Atrakcyjność ANN wynika z niezwykłych właściwości przetwarzania informacji systemu biologicznego, takich jak nieliniowość, wysoka równoległość, solidność, odporność na błędy i awarie, uczenie się, zdolność do obsługi nieprecyzyjnych i rozmytych informacji oraz ich zdolność do generalizacji (Jain i in., 1996). Sztuczne modele posiadające takie cechy są pożądane, ponieważ:

(i) nieliniowość pozwala na lepsze dopasowanie do danych,
(ii) wrażliwość na hałas zapewnia dokładne przewidywanie w obecności niepewnych danych i błędów pomiaru,
(iii) wysoki stopień równoległości oznacza szybkie przetwarzanie i odporność na awarie sprzętu, (iv) uczenie się i zdolność adaptacji pozwalają systemowi na aktualizację (modyfikację) jego wewnętrznej struktury w odpowiedzi na zmieniające się środowisko, oraz
(v) uogólnienie umożliwia zastosowanie modelu do nienauczonych danych. Głównym celem obliczeń opartych na ANN (neurocomputing) jest opracowanie algorytmów matematycznych, które umożliwią ANN naukę poprzez naśladowanie przetwarzania informacji i zdobywania wiedzy w ludzkim mózgu.

1. 1.Sztuczny neuron (Perceptrony):

Sztucznie przetworzony neuron odbiera sygnały wejściowe jako bodźce z otoczenia, łączy je w specjalny sposób, tworząc wejście "sieciowe" (j), przechodzi przez liniową bramkę progową i przekazuje sygnał (wyjściowy, y) dalej do innego neuronu lub otoczenia. Rysunek 1 ilustruje układ sztucznych neuronów, jak pokazano na Rys. 1. Tylko wtedy, gdy j przekroczy (tj. będzie silniejszy niż) wartość progową neuronu (nazywaną również bias, b), neuron się zapali (tj. zostanie uaktywniony). Powszechnie przyjmuje się liniową dynamikę neuronów do obliczania j (Haykin, 1994). Wejście netto jest obliczane jako iloczyn wewnętrznej (kropki) sygnałów wejściowych (x) oddziałujących na neuron i ich mocy (w). Dla n sygnałów, operacja neuronu perceptronowego jest wyrażona jako

$$y = \begin{cases} 1, & \text{if} \sum_{i=1}^{n} w_i x_i \geq b, \\ 0, & \text{if} \sum_{i=1}^{n} w_i x_i < b, \end{cases} \quad (1)$$

z 1 oznaczeniem "włączony" i 0 oznaczeniem "wyłączony" (rys. 1), lub klasy A i B, odpowiednio, przy rozwiązywaniu problemów związanych z klasyfikacją. Dodatnie wagi połączeń (wi . 0) wzmacniają sygnał netto (j) i pobudzają neuron, a połączenie nazywa się excitory, natomiast ujemne wagi redukują j i hamują aktywność neuronu, a połączenie nazywa się inhibitory. System składający się ze sztucznego neuronu i wejść, jak pokazano na rys. 1, nazywany jest Perceptronem, który ustanawia mapowanie pomiędzy aktywnością wejść (bodźców) a sygnałem wyjściowym. Na rysunku (1) próg neuronu może być traktowany jako dodatkowy węzeł wejściowy, którego wartość jest zawsze jednością (tj. x 51), a masa jego połączenia jest równa b.

W takim przypadku zsumowanie w równaniu (1) odbywa się od 0 do n, a sygnał netto j jest porównywany z 0.

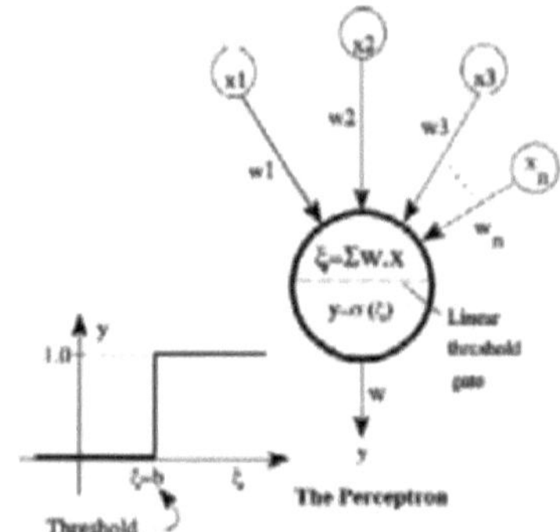

Rysunek .1 ilustruje układ sztucznych neuronów (perceptron)

Perceptron (Rys. 1) można ćwiczyć na zestawie przykładów przy użyciu specjalnej zasady nauki (Hecht-Nielsen, 1990). Wagi perceptronu (łącznie z progiem) są zmieniane proporcjonalnie do różnicy (błędu) pomiędzy docelowym (prawidłowym) wynikiem, Y, a rozwiązaniem perceptronu, y, dla każdego przykładu. Błąd jest funkcją wszystkich wag i tworzy nieregularną wielowymiarową, złożoną hiperpłaszczyznę z wieloma szczytami, punktami siodłowymi i minimami. Stosując specjalistyczną technikę wyszukiwania, proces uczenia się dąży do uzyskania zbioru wag, który odpowiada globalnemu minimum. Rosenblatt (1962) wyprowadził zasadę perceptronu, która daje optymalny wektor wagowy w skończonej liczbie iteracji, niezależnie od początkowych wartości mas.

Reguła ta może jednak działać precyzyjnie tylko w przypadku klas liniowo rozdzielnych (Hecht-Nielsen, 1990), w których hiperpłaszczyzna liniowa może umieścić jedną klasę obiektów po jednej stronie płaszczyzny, a drugą klasę po drugiej stronie. Rysunek .2 lit. a) pokazuje problemy z liniowo i nieliniowo rozdzielalnymi klasami dwuobiektowymi. Rysunek .2 (b) przedstawia wielowarstwowy perceptron, pokazujący warstwy wejściowe, ukryte i wyjściowe oraz węzły z łączami doprowadzającymi.

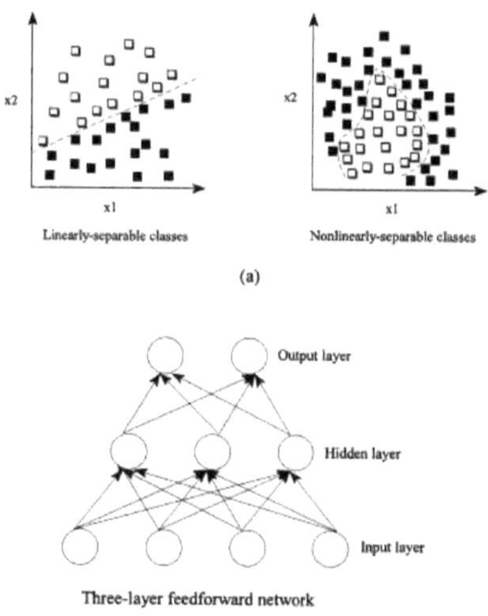

Rys. .2 a) Rozdzielność liniowa i nieliniowa. (b) Perceptron wielowarstwowy pokazujący warstwy wejściowe, ukryte i wyjściowe oraz węzły z łączami doprowadzającymi.

Aby poradzić sobie z nieliniowo rozdzielalnymi problemami, potrzebne są dodatkowe warstwy neuronów umieszczone pomiędzy warstwą wejściową (zawierające węzły wejściowe) a neuronem wyjściowym, prowadzące do architektury wielowarstwowego perceptronu (MLP) (Hecht-Nielsen, 1990)), jak pokazano na rysunku .2. Ponieważ te warstwy pośrednie nie wchodzą w interakcję ze środowiskiem zewnętrznym, są one nazywane warstwami ukrytymi, a ich węzły - węzłami ukrytymi. Dodanie warstw pośrednich ożywiło perceptron poprzez rozszerzenie jego zdolności do rozwiązywania nieliniowych problemów klasyfikacyjnych.

Wykorzystując podobną dynamikę neuronów, ukryte neurony przetwarzają informacje otrzymane z węzłów wejściowych i przekazują je do warstwy wyjściowej. Nauka MLP nie jest tak bezpośrednia jak nauka prostego perceptronu. Na przykład, sieć backpropagacji (Rumelhart i in., 1986) jest jednym z rodzajów MLP szkolonych według zasady uczenia się delta (Zupan i Gasteiger, 1993). Jednak procedura uczenia się jest rozszerzeniem prostego algorytmu perceptronowego, tak aby obsługiwać wagi podłączone do ukrytych węzłów (Hecht-Nielsen, 1990).

1. 2. Nauka:

Umiejętność uczenia się jest szczególną cechą charakterystyczną systemów inteligentnych, biologicznych lub innych. W systemach sztucznych, uczenie się jest postrzegane jako proces uaktualniania wewnętrznej reprezentacji systemu w odpowiedzi na bodźce zewnętrzne, tak aby mógł on wykonać określone zadanie. Obejmuje to modyfikację architektury sieci, która polega na dostosowaniu wagi połączeń, przycinaniu lub tworzeniu niektórych połączeń, i/lub zmianie zasad wypalania poszczególnych neuronów (Schalkoff, 1997). Uczenie się ANN odbywa się iteracyjnie, ponieważ sieć jest przedstawiana na przykładach szkoleń, podobnie jak w przypadku uczenia się na podstawie doświadczeń. Mówi się, że system oparty na ANN nauczył się, jeśli potrafi:
(i) obchodzić się z nieprecyzyjnymi, rozmytymi, hałaśliwymi i probabilistycznymi informacjami bez zauważalnego negatywnego wpływu na jakość reakcji, oraz (ii) uogólniać z zadań, których się nauczył, do zadań nieznanych

1.1.2 Historia neurokomputerów

W tej części przedstawiono w skrócie historyczną ewolucję ANN i neurokomputerów. Anderson i Rosenfeld (1988) przedstawiają szczegółową historię wraz ze zbiorem wielu głównych klasycznych prac, które wpłynęły na ewolucję ANN. Nelson i Illingworth (1990) dzielą 100 lat historii na sześć znaczących faz: (1) Poczęcie, 1890-1949; (2) Gestation and Birth, 1950s; (3) Early Infancy, late 1950s i 1960s; (4) Stunted Growth, 1961-1981; (5) Late Infancy I, 1982-1985; oraz (6) Late Infancy II, 1986-obecny.

Epoka poczęcia obejmuje pierwszy rozwój w dziedzinie badań nad mózgiem i rozumienia matematyki mózgowej. Uważa się, że rok 1890 był początkiem wieku neurokomputerowego, w którym pierwsze prace nad aktywnością mózgu zostały opublikowane przez Williama Jamesa (Nelson i Illingworth, 1990). Wielu (np. Hecht-Nielsen, 1990) uważa, że prawdziwe neurocomputing rozpoczął się w 1943 roku po McCulloh i Pitts (1943) papier na temat zdolności prostych sieci neuronowych do obliczania funkcji arytmetycznych i logicznych. Epoka ta zakończyła się książką The Organization of Behavior autorstwa

Donalda Hebba, w której przedstawił on swoje prawo do nauki synaps biologicznych neuronów (Hebb, 1949), które, jak sądzi, utorowało drogę do pojawienia się neurokomputerów (Hecht-Nielsen, 1990).

Epoka ciąży i narodzin rozpoczęła się wraz z postępem w technologii sprzętu / oprogramowania, który umożliwił i ułatwił symulacje komputerowe. W tej epoce pierwszy neurokomputer (Snark) został zbudowany i przetestowany przez Minsky'ego na Uniwersytecie Princeton w 1951 roku, ale doświadczył wielu ograniczeń (Hecht-Nielsen, 1990). Era ta zakończyła się rozwojem projektu badawczego Sztucznej Inteligencji w Dartmouth (AI), który położył podwaliny pod szeroko zakrojone badania neurokomputerowe (Nelson i Illingworth, 1990). Era wczesnego dzieciństwa rozpoczęła się od pracy Johna von Neumana, która została opublikowana rok po jego śmierci w książce "Komputer i mózg" (von Neuman, 1958). W tym samym roku Frank Rosenblatt z Cornell University wprowadził na rynek pierwszy udany neurokomputer (perceptron Marka I), przeznaczony do rozpoznawania postaci, który jest obecnie uważany za najstarszy sprzęt ANN (Nelson i Illingworth, 1990). Chociaż perceptron Rosenblatta był systemem liniowym, był skuteczny w rozwiązywaniu wielu problemów i doprowadził do tzw. szumu ANN z lat 60-tych. W tym czasie Rosenblatt opublikował również swoją książkę Principles of Neurodynamics (Rosenblatt, 1962).

Neurokomputerowy szum nie trwał jednak długo z powodu kampanii prowadzonej przez Mińskiego i Papperta (1969), mającej na celu zdyskredytowanie badań ANN, aby przekierować fundusze z powrotem do SI. Minsky i Pappert opublikowali w 1969 roku książkę Perceptrony, w której wyolbrzymili ograniczenia perceptronu Rosenblatta jako niezdolnego do rozwiązania nieliniowych problemów klasyfikacyjnych, chociaż takie ograniczenie było już znane (Hecht-Nielsen, 1990; Wythoff, 1993). Niestety, kampania ta osiągnęła swój planowany cel i na początku lat 70. wielu badaczy ANN zwróciło uwagę na AI, podczas gdy kilku "upartych" kontynuowało swoje badania. Hecht-Nielsen (1990) odnosi się do tej epoki jako do "cichych lat" i "cichych badań". Wraz z wprowadzeniem perceptronu Rosenblatta i innych ANN przez "cichych badaczy", dziedzina neurokomputerów stopniowo zaczęła się ożywiać, a zainteresowanie neurokomputerami wzrosło.

Nelson i Illingworth (1990) wymieniają kilka najważniejszych badań, które pomogły w odrodzeniu i rewitalizacji tej dziedziny, w szczególności wprowadzenie sieci Hopfield (Hopfield, 1984), opracowanych do odzyskiwania kompletnych obrazów z fragmentów. Rok 1986 jest uważany za kamień węgielny w najnowszej historii ANN, jak Rumelhart i in. (1986) odkrył na nowo algorytm uczenia się backpropagacji po jego początkowym opracowaniu przez Werbosa (1974). Pierwszym fizycznym znakiem odrodzenia ANN było stworzenie w 1987 roku dorocznej Międzynarodowej Konferencji IEEE ANN, a następnie utworzenie Międzynarodowego Towarzystwa Sieci Neuronowych (INNS) i wydanie czasopisma INNS Neural Network w 1988 roku. Można zauważyć, że ewolucja neurokomputerów była świadkiem wielu wzlotów i upadków, wśród których wyróżnia się okres hibernacji spowodowany niezdolnością perceptronu do obsługi klasyfikacji nieliniowej. Od 1986 roku powstało wiele stowarzyszeń ANN, wydawane są specjalne czasopisma oraz organizowane są coroczne międzynarodowe konferencje. Obecnie dziedzina neurokomputerów rozkwita niemal codziennie, zarówno na froncie teoretycznym jak i praktycznym.

1.1. 3. Klasyfikacja ANN:

Numery ANN mogą być klasyfikowane na wiele różnych sposobów, w zależności od jednej lub kilku ich istotnych cech. Ogólnie rzecz biorąc, klasyfikacja numerów ANN może być dokonywana na podstawie:

(i) funkcja, do której realizacji jest przeznaczony ANN (np. kojarzenie wzorów, grupowanie),
(ii) stopień (częściowy / pełny) połączenia neuronów w sieci, (iii) kierunek przepływu informacji w sieci (powtarzalny i nie powtarzalny), przy czym sieci powtarzalne to systemy dynamiczne, w których stan w danym momencie jest zależny od poprzednich stanów,
(iv) rodzaj algorytmu uczenia się, który reprezentuje zestaw równań systematycznych wykorzystujących wyniki uzyskane z sieci wraz z arbitralną miarą efektywności do aktualizacji wewnętrznej struktury ANN, (v) zasadę uczenia się (siłę napędową algorytmu uczenia się), oraz
(vi) stopień nadzoru nad nauką niezbędny do odbycia szkolenia w ramach ANN.

Nadzorowane uczenie się obejmuje szkolenie ANN z prawidłowymi odpowiedziami (tj. docelowymi wynikami) udzielanymi dla każdego przykładu oraz wykorzystanie odchylenia (błędu) rozwiązania ANN od odpowiednich wartości docelowych w celu określenia wymaganej wielkości, o jaką należy skorygować każdą wagę. Uczenie się wzmacniające jest nadzorowane, jednak ANN otrzymuje krytykę poprawności wyników, a nie samej prawidłowej odpowiedzi. Nienadzorowane uczenie się nie wymaga prawidłowej odpowiedzi dla przykładów szkoleń, jednak sieć, badając podstawową strukturę danych i korelację między różnymi przykładami, organizuje przykłady w klastry (kategorie) w oparciu o ich podobieństwo lub odmienność (np. sieci Kohonen).

Wreszcie, procedura uczenia się hybrydowego łączy uczenie się nadzorowane i nienadzorowane. Jako przykłady klasyfikacji, Lippmann (1987) sklasyfikował ANN w odniesieniu do uczenia się (nadzorowane i nie nadzorowane) oraz danych (binarne i ciągłe). Simpson (1990) skategoryzował ANN w odniesieniu do uczenia się (nadzorowania) i przepływu danych w sieci (feedforward vs. feedback). Maren (1991) zaproponowała kategoryzację hierarchiczną opartą na strukturze, po której następuje dynamika, a następnie uczenie się. Jain et al.(1996) prezentują czteropoziomową klasyfikację opartą na stopniu nadzoru nad uczeniem się, zasadzie uczenia się, przepływie danych w ANN i algorytmie uczenia się.

1.1. 4. **Zasady nauki:**

Reguła nauki określa, w jaki sposób dokładnie należy dopasowywać (aktualizować) wagi sieciowe pomiędzy kolejnymi cyklami treningowymi (epokami). Istnieją cztery podstawowe rodzaje zasad (Hassoun, 1995; Haykin, 1994). Zasada korygowania błędów (ECL) jest stosowana w nauczaniu nadzorowanym, w którym różnica arytmetyczna (błąd) między rozwiązaniem ANN na dowolnym etapie (cyklu) szkolenia a odpowiadającą jej prawidłową odpowiedzią jest wykorzystywana do modyfikacji wag połączeń, tak aby stopniowo zmniejszyć ogólny błąd sieciowy. Reguła uczenia się Boltzmanna (BL) jest stochastyczną regułą pochodzącą z zasad termodynamiki i teorii informacji (Anderson i Rosenfeld, 1988). Jest ona podobna do ECL, jednak każdy neuron generuje wynik (lub stan) w oparciu o rozkład statystyczny Boltzmanna (Jain i in., 1996), co sprawia, że uczenie się jest niezwykle wolne.

Zasada nauki hebrajskiej (HL) (Hebb, 1949), opracowana na podstawie eksperymentów neurobiologicznych, jest najstarszą zasadą nauki, która postuluje, że "jeśli neurony po obu stronach synapsy są aktywowane synchronicznie i wielokrotnie, siła synapsy jest selektywnie zwiększana". Dlatego też, w przeciwieństwie do zasad ECL i BL, nauka odbywa się lokalnie poprzez dostosowanie masy synapsy do aktywności neuronów. Zgodnie z zasadą uczenia się konkurencyjnego (CL) wszystkie neurony zmuszone są konkurować między sobą w taki sposób, że w danej iteracji uaktywni się tylko jeden neuron z dostosowaną do niego wagą (Jain i in., 1996). Spekuluje się, że reguła CL istnieje w wielu systemach biologicznych (Haykin, 1994).

1.1. 5. <u>Popularne ANN:</u>

Duża liczba sieci, nowych lub modyfikacji istniejących, jest stale rozwijana. Simpson (1990) wymienił 26 różnych typów ANN, a Maren (1991) 48. Pham (1994) oszacował, że istnieje ponad 50 różnych typów ANN. Niektóre zastosowania mogą być rozwiązywane za pomocą różnych typów ANN, podczas gdy inne mogą być rozwiązywane wyłącznie za pomocą konkretnego typu ANN. Niektóre sieci są bardziej kompetentne w rozwiązywaniu problemów percepcyjnych, podczas gdy inne są bardziej odpowiednie do modelowania danych i przybliżania funkcji. Poniżej znajduje się krótkie omówienie najczęściej wykorzystywanych sieci ANN, przedstawione w kolejności ich odkrycia.

1.1. 5.1. <u>Sieci Hopfielda</u>:

Sieć ta jest symetryczną, w pełni połączoną, dwuwarstwową siecią rekurencyjną, która działa jak nieliniowa pamięć asocjacyjna i jest szczególnie efektywna w rozwiązywaniu problemów optymalizacyjnych (Hopfield, 1984; Hop-field i Tank, 1986). Sieć jest przystosowana tylko do wejść bipolarnych lub binarnych i realizuje funkcję energetyczną. Nauka odbywa się poprzez ustawienie każdej wagi łączącej dwa neurony w iloczyn wejść tych dwóch neuronów (van Rooij i in., 1996). W przypadku przedstawienia niekompletnego lub głośnego wzorca, sieć reaguje poprzez pobranie wewnętrznie zapisanego wzorca, który najbardziej przypomina przedstawiony wzorzec.

1.1. 5.2. <u>Adaptacyjne sieci teorii rezonansu (ART)</u>:

Są one szkolone przez uczenie się bez nadzoru, gdzie sieć dostosowuje się do środowiska informacyjnego bez interwencji. Sieć ART składa się z dwóch w pełni powiązanych ze sobą warstw, warstwy, która otrzymuje wejścia i warstwy składającej się z neuronów wyjściowych. Wagi wejściowe są wykorzystywane do wyboru zwycięskiego neuronu wyjściowego (klastra) i służą jako pamięć długotrwała dla sieci. Wagi sprzężenia zwrotnego są wagami czuwającymi, które są używane do testowania czujności i służą jako pamięć krótkoterminowa dla sieci (van Rooij i in., 1996). Sieć ART przechowuje zestaw wzorców w taki sposób, że gdy sieć zostanie przedstawiona z nowym wzorcem, albo dopasuje go do wcześniej zapisanego wzorca, albo zapisze go jako nowy wzorzec, jeśli jest on wystarczająco niepodobny do najbliższego wzorca (Carpenter i Grossberg, 1987, 1988). Podobnie jak sieci Hopfielda, sieci ART mogą być używane do rozpoznawania, uzupełniania i klasyfikacji wzorów.

1.1. 5.3. <u>Sieci Kohonen</u>:

Sieci te, zwane również samoorganizującymi się mapami cech, są dwuwarstwowymi sieciami, które przekształcają n-wymiarowe wzorce wejściowe w dane niższego rzędu, gdzie podobne wzorce rzutują na punkty znajdujące się w bliskiej odległości od siebie (Kohonen, 1989). Sieci Kohonen są szkolone w sposób nienadzorowany do tworzenia klastrów w obrębie danych (tj. grupowania danych). Oprócz rozpoznawania i klasyfikacji wzorców, mapy Kohonen są wykorzystywane do kompresji danych, w której dane wysokowymiarowe są mapowane na mniejszej przestrzeni przy zachowaniu ich zawartości (Zupan i Gasteiger, 1991).

1.1. 5.4. Sieci backpropagacji:

Sieci te są najczęściej stosowanym typem sieci i są uważane za konie robocze ANN (Rumelhart i in., 1986). Sieć backpropagacji (BP) to MLP, w skład którego wchodzą:

(i) warstwa wejściowa z węzłami reprezentującymi zmienne wejściowe do problemu,
(ii) warstwę wyjściową z węzłami reprezentującymi zmienne zależne (tj. to, co jest modelowane), oraz
(iii) jedną lub więcej ukrytych warstw zawierających węzły, które pomagają w uchwyceniu nieliniowości danych.

Wykorzystując naukę nadzorowaną (z zasadą ECL), sieci te mogą uczyć się mapowania z jednej przestrzeni danych do drugiej na przykładach. Termin backpropagation odnosi się do sposobu, w jaki błąd obliczony po stronie wyjściowej jest propagowany wstecz od warstwy wyjściowej, do warstwy ukrytej i wreszcie do warstwy wejściowej. W BPANNach dane są przekazywane dalej do sieci bez sprzężenia zwrotnego (tzn. wszystkie połączenia są jednokierunkowe i nie ma tych samych połączeń neuron-neuron warstwy). Neurony w sieciach BPANN mogą być w pełni lub częściowo połączone. Sieci te są tak wszechstronne i mogą być wykorzystywane do modelowania danych, klasyfikacji, prognozowania, kontroli, kompresji danych i obrazu oraz rozpoznawania wzorów (Hassoun, 1995).

Algorytm uczenia się w oparciu o błąd wsteczny jest najbardziej znaną procedurą szkolenia ANN. BP opiera się na wyszukiwaniu powierzchni błędu (błąd w funkcji wag ANN) przy użyciu gradientu zejścia dla punktu(ów) z minimalnym błędem. Każda iteracja w BP składa się z dwóch przebiegów: aktywacji do przodu w celu uzyskania rozwiązania i wstecznej propagacji obliczonego błędu w celu modyfikacji wag. W zainicjowanym ANN (tzn. ANN z założonymi ciężarami początkowymi), przeszukiwanie do przodu polega na przedstawieniu sieci z jednym przykładem treningu. Rozpoczyna się on na warstwie wejściowej, gdzie każdy węzeł wejściowy przekazuje otrzymaną wartość do przodu do każdego ukrytego węzła w warstwie ukrytej. Zbiorowy efekt na każdy z ukrytych węzłów jest sumowany poprzez iloczyn kropkowy wszystkich wartości węzłów wejściowych i odpowiadających im wag połączeń, zgodnie z opisem w równym stopniu (1). Po określeniu efektu netto w jednym z ukrytych węzłów, aktywacja w tym węźle jest obliczana za pomocą funkcji transferowej (np. funkcji sigmoidalnej), aby uzyskać wynik pomiędzy 0 a +1 lub -1 a +1. Wielkość uzyskanej aktywacji reprezentuje nowy sygnał, który ma być przeniesiony do następnej warstwy (np. warstwy ukrytej lub wyjściowej).

Ta sama procedura obliczania efektu netto jest powtarzana dla każdego ukrytego węzła i dla wszystkich ukrytych warstw. Efekt (s) netto obliczony (obliczone) w węźle (węzłach) wyjściowym (wyjściowych) jest następnie przekształcany za pomocą funkcji transferu na aktywację (s). Aktywacja (aktywacje) obliczona (obliczone) w węźle (węzłach) wyjściowym (wyjściowych) reprezentuje rozwiązanie ANN podanego przykładu, które może znacznie odbiegać od rozwiązania docelowego ze względu na dowolnie wybrane wagi połączeń. W przypadku przeszukiwania wstecznego, różnica (tj. błąd) pomiędzy ANN a wyjściami docelowymi jest wykorzystywana do dostosowania wag połączeń, począwszy od warstwy wyjściowej, przez wszystkie warstwy ukryte, do warstwy wejściowej, jak zostanie to opisane w następnym rozdziale. Przesunięcia w przód i w tył są wykonywane wielokrotnie, aż rozwiązanie ANN zgodzi się z wartością docelową w ramach zadanej tolerancji. Algorytm uczenia się ciśnienia tętniczego dostarcza niezbędnych korekt wagi podczas przeszukiwania wstecznego.

1.1. 5.5. Sieci prądu stałego:

W sieci rekurencyjnej, wyjścia niektórych neuronów są przekazywane z powrotem do tych samych neuronów lub do neuronów w poprzednich warstwach. Umożliwia to przepływ informacji zarówno w przód, jak i w tył, dzięki czemu ANN posiada pamięć dynamiczną (Pham, 1994). Istnieją specjalne algorytmy dla treningów sieci rekurencyjnych (Hassoun, 1995; Hecht-Nielsen, 1990). BP rekurencyjne ANN są prostym wariantem sieci rekurencyjnych, w których "pamięć" jest wprowadzana do statycznych ANN feedforward przez specjalną reprezentację danych (np. opóźnienie czasowe), po której następuje szkolenie z wykorzystaniem klasycznego BP (Basheer, 2000; ASCE, 2000).

1.1. 5.6. Sieci kontrapropagacji:

Sieci te, opracowane przez Hecht-Nielsena (1988, 1990), są szkolone przez naukę hybrydową w celu stworzenia samoorganizującej się tabeli wyszukiwania przydatnej do przybliżania i klasyfikacji funkcji (Zupan i Gasteiger, 1993). W miarę jak funkcje wejściowe są prezentowane w sieci, nauka bez nadzoru jest prowadzona w celu stworzenia mapy Kohonena z danymi wejściowymi. W międzyczasie nauka nadzorowana jest wykorzystywana do powiązania odpowiedniego wektora wyjściowego z każdym punktem na mapie. Po przeszkoleniu sieci, każdy nowo zaprezentowany wektor cech wywołuje odpowiedź, która jest średnią dla tych wektorów cech, które znajdują się najbliżej niego w przestrzeni danych wejściowych, symulując w ten sposób tabelę przeglądania.

1.1. 5.7. Sieci z funkcją bazy radialnej (RBF):

Sieci te są szczególnym przypadkiem wielowarstwowej sieci transmisji wstecznej z trzema warstwami (Schalkoff, 1997). Mogą one być szkolone za pomocą różnych algorytmów uczenia się, w tym dwustopniowego uczenia się hybrydowego (Haykin, 1994). Warstwa ukryta służy do klastrowania wejść do sieci (węzły w tej warstwie nazywane są centrami klastrowymi). W przeciwieństwie do funkcji transferu esicy w BPANNach, sieci te wykorzystują radialną funkcję bazową, taką jak jądro Gaussian (Haykin, 1994). RBF jest wyśrodkowany w punkcie określonym przez wektor masy związany z jednostką. Zarówno pozycji, jak i szerokości tych funkcji gaussowskich należy nauczyć się na podstawie wzorców treningowych. Każda jednostka wyjściowa realizuje liniową kombinację tych RPC.

Wybór pomiędzy sieciami RBF i BPANN jest uzależniony od problemu (Pal i Srimani, 1996). Sieci RBF trenują szybciej niż BP, ale nie są tak wszechstronne i są stosunkowo wolniejsze w użyciu (Attoh-Okine i in., 1999). Decyzja o tym, która sieć będzie działać lepiej dla danego problemu, zależy ściśle od logistyki problemu. Na przykład, problem grupowania wymaga sieci Kohonen, problem mapowania może być modelowany przy użyciu różnych ANN, takich jak sieci BP i RBF, a niektóre problemy optymalizacyjne mogą być rozwiązane tylko przy użyciu sieci Hopfield. Inne czynniki decydujące o wyborze sieci ANN to typ wejścia (tzn. czy jest to sieć boolean, ciągła, czy mieszana) oraz szybkość wykonania sieci po przeszkoleniu i wdrożeniu w sprzęcie szeregowym. Inne kwestie dotyczące wyboru ANN są omówione przez Hudson i Postma (1995).

1.1. 6.1.1. Rozproszenie wsteczne ANN:

Aby poszerzyć wiedzę na temat ANN od etapu określania, czym są te systemy do etapu projektowania, konieczne jest zapoznanie się z obliczeniami i konstrukcją ANN. W tym celu omówiono bardziej szczegółowo BPANN-y, ze względu na ich popularność oraz elastyczność i zdolność adaptacji w modelowaniu szerokiego spektrum problemów w wielu obszarach zastosowań.

Algorytm uczenia się w oparciu o błąd wsteczny jest najbardziej znaną procedurą szkolenia ANN. BP opiera się na wyszukiwaniu powierzchni błędu (błąd w funkcji wag ANN) przy użyciu gradientu zejścia dla punktu(ów) z minimalnym błędem. Każda iteracja w BP składa się z dwóch przebiegów: aktywacji do przodu w celu uzyskania rozwiązania i wstecznej propagacji obliczonego błędu w celu modyfikacji wag. W zainicjowanym ANN (tzn. ANN z założonymi ciężarami początkowymi), przeszukiwanie do przodu polega na przedstawieniu sieci z jednym przykładem treningu. Rozpoczyna się on na warstwie wejściowej, gdzie każdy węzeł wejściowy przekazuje otrzymaną wartość do przodu do każdego ukrytego węzła w warstwie ukrytej. Zbiorowy efekt na każdy z ukrytych węzłów jest sumowany poprzez iloczyn kropkowy wszystkich wartości węzłów wejściowych i odpowiadających im wag połączeń, zgodnie z opisem w równym stopniu (1). Po określeniu efektu netto w jednym z ukrytych węzłów, aktywacja w tym węźle jest obliczana za pomocą funkcji transferowej (np. funkcji sigmoidalnej), aby uzyskać wynik pomiędzy 0 a +1 lub -1 a +1. Wielkość uzyskanej aktywacji reprezentuje nowy sygnał, który ma być przeniesiony do następnej warstwy (np. warstwy ukrytej lub wyjściowej).

Ta sama procedura obliczania efektu netto jest powtarzana dla każdego ukrytego węzła i dla wszystkich ukrytych warstw. Efekt (s) netto obliczony (obliczone) w węźle (węzłach) wyjściowym (wyjściowych) jest następnie przekształcany za pomocą funkcji transferu na aktywację (s). Aktywacja (aktywacje) obliczona (obliczone) w węźle (węzłach) wyjściowym (wyjściowych) reprezentuje rozwiązanie ANN podanego przykładu, które może znacznie odbiegać od rozwiązania docelowego ze względu na dowolnie wybrane wagi połączeń. W przypadku przeszukiwania wstecznego, różnica (tj. błąd) pomiędzy ANN a wyjściami docelowymi jest wykorzystywana do dostosowania wag połączeń, począwszy od warstwy wyjściowej, przez wszystkie warstwy ukryte, do warstwy wejściowej, jak zostanie to opisane w następnym rozdziale. Przesunięcia w przód i w tył są wykonywane wielokrotnie, aż rozwiązanie ANN zgodzi się z wartością docelową w ramach zadanej tolerancji. Algorytm uczenia się ciśnienia tętniczego dostarcza niezbędnych korekt wagi podczas przeszukiwania wstecznego.

1. 1. 6.1. Algorytm BP:

Ze względu na swoją wagę i prostotę, algorytm BP zostanie tu przedstawiony w swojej ostatecznej formie. Pełne wyprowadzenie algorytmu można znaleźć gdzie indziej (np. Zupan i Gasteiger, 1993; Haykin, 1994), a jednoznaczne systematyczne wyprowadzenie podaje Basheer (1998) i Najjar et al. (1997). Aby móc uruchomić algorytm, konieczne jest zdefiniowanie warstwy pośredniej jako luki pomiędzy dwoma kolejnymi warstwami, która zawiera jedynie neurony górnej warstwy, jak pokazano na rys. 6 (zakładając, że wszystkie warstwy są umieszczone powyżej warstwy wejściowej). Rozważmy sieć MLP z interlayerami *L*. Dla warstwy międzywarstwowej $l \in [1,2, ...,L]$ istnieją węzły Nl i łącza połączeniowe $Nl \times N_{l-1\ z\ ciężarkami}$ $W \in R^{Nl \times N\,l-1}$, gdzie Nl i N_{l-1} są numerami węzłów (łącznie z progami) w warstwach międzywarstwowych odpowiednio l i $l-1$ (Rys. 6). Waga połączenia oznaczana jest przez *Wlji*, jeżeli znajduje się w warstwie l i łączy węzeł j międzywarstwa l z węzłem i niższej (poprzedzającej) warstwy $l-1$ (węzeł *i jest węzłem* źródłowym, a węzeł j jest węzłem docelowym). W każdej międzywarstwowej l, typowy neuron j *integruje* sygnały, xj, oddziaływując na niego, i wytwarza efekt netto, ξj, zgodnie z liniową dynamiką neuronów: Rys.3. Notacje i oznaczenia indeksów stosowane w ANN-ach wstecznej propagacji (backpropagation ANN).

$$\xi_j^l = \sum_{i=1}^{N_{l-1}} w_{ji}^l x_i^{l-1}. \qquad (2)$$

Odpowiednia aktywacja, xlj, neuronu jest określana za pomocą funkcji transferu, s, która zamienia całkowity sygnał na liczbę rzeczywistą z ograniczonego przedziału czasu:

$$x_j^l = \sigma(\xi_j^l) = \sigma\left(\sum_{i=1}^{N_{l-1}} w_{ji}^l x_i^{l-1}\right). \qquad (3)$$

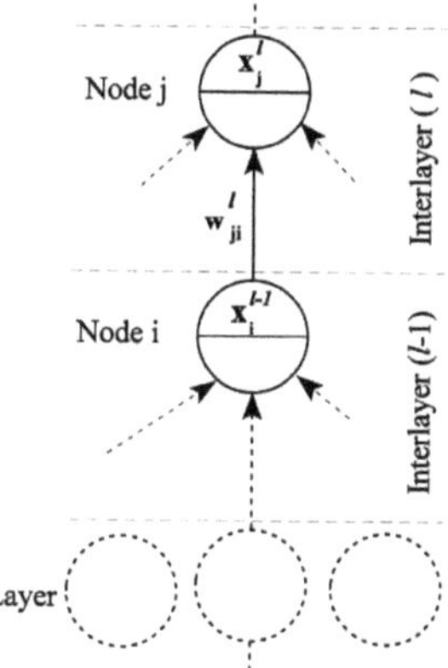

Rys.3 Zapisy i oznaczenia indeksów stosowane w backpropagacji ANN.

Jedną z popularnych funkcji wykorzystywanych w BP jest podstawowa esica ciągła:

$$\sigma(\xi) = \frac{1}{1 + e^{-\xi}}, \qquad (4)$$

gdzie $-\infty < \xi < \infty$ i $0{,}0 \leq б \leq 1{,}0$. Dla wszystkich węzłów stosuje się równania (2)- (4) w celu obliczenia aktywacji. Dla węzłów wejściowych aktywacja jest po prostu wejściem surowym. W każdej warstwie międzywarstwowej zostanie zaktualizowana dowolna wartość masy *wlji w* iteracji (*t*) w stosunku do poprzedniej wartości stanu (t - 1) zgodnie z:

$$w_{ji}^{l}(t) = w_{ji}^{l}(t-1) + \Delta w_{ji}^{l}(t), \qquad (5)$$

gdzie Δwlji to (+ / -) przyrostowa zmiana wagi. Zmiana masy jest określana za pomocą zmodyfikowanej reguły delta (Zupan i Gasteiger, 1993), która może być zapisana jako:

$$\Delta w_{ji}^{l} = \eta \delta_{j}^{l} x_{i}^{l-1} + \mu \Delta w_{ji}^{l(\text{previous})}, \qquad (6)$$

gdzie η *to współczynnik uczenia* się kontrolujący wielkość kroku aktualizacji, μ *to* współczynnik pędów, a *xl-1i* to wartość wejściowa z l 21. międzywarstwa. Pierwsza część prawej strony równania (6) jest oryginalną regułą delta. Dodane określenie momentu pędu pomaga skierować wyszukiwanie w hiperprzestrzeni błędu do globalnego minimum, pozwalając na dodanie części poprzedniej aktualizacji (wielkość i kierunek) do bieżącego kroku aktualizacji. Zauważ, że równanie (6) może być również zastosowane do dowolnego progu neuronu (bias), który można założyć jako link, z wagą równą wartości progowej, dla urojonego neuronu, którego aktywacja jest ustalona na 1.0. Zmianę masy można również określić za pomocą zejścia gradientowego zapisanego w formie uogólnionej dla warstwy środkowej *l*:

$$\Delta w_{ji}^{l} = -\kappa\left(\frac{\partial \varepsilon^{l}}{\partial w_{ji}^{l}}\right). \qquad (7)$$

Dlatego też, w celu określenia zmian przyrostowych dla l-tej warstwy pośredniej, głównym zadaniem jest ilościowe określenie gradientu błędu .

Stosując równania (6) i (7), można wyprowadzić wymaganą zmianę masy przy pomocy różnych wyrażeń w zależności od tego, czy dany neuron znajduje się w warstwie wyjściowej, czy w warstwie ukrytej. Jeżeli neuron znajduje się w warstwie wyjściowej, to *l* = *L* w równaniu (6), z czego wylicza się ðLj:

$$\delta_j^{L} = (x_j^{L} - y_j)x_j^{L}(1 - x_j^{L}). \qquad (8)$$

Jeśli neuron znajduje się w ukrytej warstwie, zmiana masy ciała jest również obliczana przy użyciu równania (6) z ðlj określanym na podstawie:

$$\delta_j^{l} = x_j^{l}(1 - x_j^{l})\left(\sum_{k=1}^{r} \delta_k^{l+1} w_{kj}^{l+1}\right). \qquad (9)$$

gdzie ðl+1k jest obliczane dla danej warstwy niewyjściowej (*l*), zaczynając od warstwy o jednym poziomie w górę (*l* + 1) i przesuwając się warstwa po warstwie w dół. Oznacza to, że dla ostatniej (najwyższej) ukrytej warstwy w sieci, ðlj jest wyznaczana za pomocą ðl+1k warstwy wyjściowej obliczonej przy pomocy równania (8). Powyższe równania delta (równania (8) i (9)) opierają się na funkcji przesunięć sygmoidalnych podanej w równaniach (4). Dla innej funkcji, terminy

Odpowiednio pkt 8 i 9 należy zastąpić odpowiednim pierwszym instrumentem pochodnym wykorzystywanej funkcji. Ta technika rozkładu wstecznego błędów, począwszy od warstwy wyjściowej aż do warstwy ukrytej, nadała tej metodzie nazwę backpropagacji błędu za pomocą zmodyfikowanej reguły delta (Rumelhart i in., 1986). Standard BP został zmodyfikowany na kilka sposobów, aby osiągnąć lepsze wyszukiwanie oraz przyspieszyć i ustabilizować proces treningu (Looney, 1996; Masters, 1994).

1. 1. 7. Projekt rozwojowy ANN:

Opracowanie udanego projektu ANN stanowi cykl sześciu faz, co ilustruje rys. 4. Definicja i sformułowanie problemu (faza 1) w dużej mierze zależy od odpowiedniego zrozumienia problemu, w szczególności relacji przyczynowo-skutkowych. Projekt systemu (faza 2) to pierwszy krok w rzeczywistym projekcie ANN, w którym użytkownik określa rodzaj ANN i reguły uczenia się, które pasują do problemu. Etap ten obejmuje również gromadzenie danych, wstępne przetwarzanie danych w celu dopasowania do rodzaju stosowanego ANN, statystyczną analizę danych oraz podział danych na trzy odrębne podzbiory (podzbiory dotyczące szkoleń, testów i walidacji). Realizacja systemu (faza 3) obejmuje szkolenie sieci wykorzystującej podzbiory szkoleniowe i testowe, a jednocześnie ocenę wydajności sieci poprzez analizę błędu przewidywania. Optymalny dobór różnych parametrów (np. wielkość sieci, wskaźnik uczenia się, liczba cykli szkoleniowych, dopuszczalny błąd, itp.) może mieć wpływ na projekt i wydajność końcowej sieci. Rozdzielenie problemu na mniejsze podproblemy, jeśli to możliwe, i zaprojektowanie zespołu sieci może zwiększyć ogólną dokładność systemu. Przenosi to modelarza z powrotem do fazy 2.

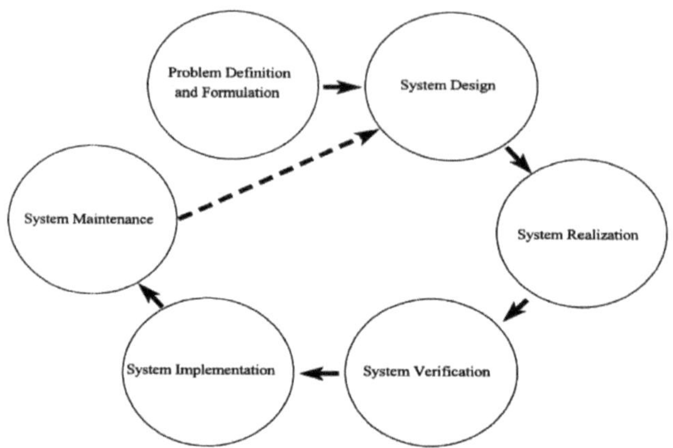

Rys.4 Różne fazy projektu rozwojowego ANN.

W ramach weryfikacji systemu (faza 4), mimo że rozwój sieci obejmuje testowanie ANN na podstawie danych testowych w czasie trwania szkolenia, dobrą praktyką (o ile dane na to pozwalają) jest zbadanie "najlepszej" sieci pod kątem jej zdolności do uogólniania z wykorzystaniem podzbioru walidacji. Weryfikacja ma na celu potwierdzenie zdolności modelu opartego na ANN do dokładnego reagowania na przykłady nigdy nie wykorzystane przy tworzeniu sieci.

Faza ta obejmuje również porównanie wyników modelu opartego na ANN z wynikami innych podejść (jeśli są dostępne). Wdrożenie systemu (faza 5) obejmuje osadzenie uzyskanej sieci w odpowiednim systemie roboczym, takim jak sterownik sprzętowy lub program komputerowy. Końcowe testy zintegrowanego systemu powinny być również przeprowadzone przed jego udostępnieniem użytkownikowi końcowemu. Utrzymanie systemu (faza 6) obejmuje aktualizację opracowanego systemu w miarę pojawiania się zmian w środowisku lub zmiennych systemowych (np. nowych danych), co wiąże się z nowym cyklem rozwoju.

1. 1. 7.1. Kwestie ogólne w rozwoju ANN:

Przed rozpoczęciem jakiegokolwiek szkolenia sieciowego należy zająć się kilkoma kwestiami. Niektóre z poniższych zagadnień mają znaczenie jedynie dla sieci ANN BP, podczas gdy inne mają zastosowanie do projektowania wszystkich typów sieci ANN.

1. 1. 7.1.1. Rozmiar bazy danych i podział na partycje:

Modele opracowane na podstawie danych zazwyczaj zależą od wielkości bazy danych. ANN, podobnie jak inne modele empiryczne, mogą być uzyskiwane z baz danych o dowolnej wielkości, jednak uogólnienie tych modeli na dane spoza dziedziny opracowywania modelu będzie miało negatywny wpływ. Ponieważ ANN są wymagane do uogólnienia w niewidocznych przypadkach, muszą być używane jako interpolatory. Dane, które mają być wykorzystane do celów szkoleniowych, powinny być wystarczająco duże, aby pokryć ewentualne znane zróżnicowanie w dziedzinie, w której występuje problem.

Opracowanie ANN wymaga podziału macierzystej bazy danych na trzy podzbiory: szkolenie, test i walidację. Podzestaw szkoleniowy powinien zawierać wszystkie dane należące do dziedziny problemowej i jest wykorzystywany na etapie szkolenia do aktualizacji wagi sieci. Podzbiór testowy jest wykorzystywany w procesie uczenia się do sprawdzania odpowiedzi sieci na dane niewyszkolone. Dane wykorzystywane w podzestawie testowym powinny różnić się od danych wykorzystywanych w szkoleniu, jednak powinny mieścić się w granicach danych szkoleniowych.
W oparciu o działanie ANN na podzbiorze testowym, architektura może zostać zmieniona i / lub zastosować więcej cykli szkoleniowych. Trzecia część danych jest podzbiorem walidacji, który powinien zawierać przykłady inne niż te w dwóch pozostałych podzbiorach. Podzestaw ten jest stosowany po wybraniu najlepszej sieci do dalszego badania sieci lub potwierdzenia jej dokładności przed wdrożeniem do systemu neuronowego i/lub dostarczeniem do użytkownika końcowego.

Obecnie nie istnieją żadne reguły matematyczne dotyczące określania wymaganych rozmiarów różnych podzbiorów danych. Istnieją tylko niektóre zasady wynikające z doświadczenia i analogii między ANN a regresją statystyczną. Baum i Haussler (1989) proponują, aby minimalna wielkość podzbioru danych dotyczących szkolenia była równa liczbie wag w sieci razy odwrotność minimalnego błędu docelowego. Dowla i Rogers (1995) i Haykin (1994) proponują przykładowy stosunek masy do masy (EWR)>10, podczas gdy Masters (1994) sugeruje EWR>4. W przypadku podziału bazy danych duży podzbiór testowy może lepiej podkreślać zdolność uogólniania; jednak pozostały mniejszy podzbiór szkoleniowy może nie być odpowiedni do zadowalającego szkolenia sieci. Looney (1996) zaleca wykorzystanie 65% macierzystej bazy danych do szkolenia, 25% do testowania i 10% do walidacji, podczas gdy Swingler (1996) proponuje 20% do testowania, a Nelson i Illingworth (1990) sugerują 20-30%.

1. 1. 7.1.2. Przetwarzanie wstępne danych, wyważanie i wzbogacanie:

Zazwyczaj stosuje się kilka technik wstępnego przetwarzania danych, zanim dane będą mogły być wykorzystane do szkolenia w celu przyspieszenia konwergencji. Należą do nich: usuwanie hałasu, zmniejszanie wymiarowości danych wejściowych oraz przekształcanie danych (Dowla i Rogers, 1995; Swingler, 1996), przetwarzanie danych nienormalnie rozproszonych, kontrola danych oraz usuwanie wartości odstających (Masters, 1994; Stein, 1993). Bilansowanie danych jest szczególnie ważne w problemach klasyfikacji. Pożądane jest, aby dane o szkoleniach były rozprowadzane prawie równomiernie pomiędzy różnymi klasami, aby zapobiec tendencyjności sieci w stosunku do nadmiernie reprezentowanych klas (Swingler, 1996).

Aby zrównoważyć bazę danych, niektóre z nadreprezentowanych klas mogą zostać usunięte lub dodane dodatkowe przykłady odnoszące się do niedostatecznie reprezentowanej klasy. Innym sposobem jest zdublowanie niereprezentowanych przykładów wejścia/wyjścia i dodanie przypadkowego szumu do ich danych wejściowych (przy zachowaniu klasy wyjściowej bez zmian). Swingler (1996) sugeruje wykorzystanie teorii informacji do pomiaru stopnia zrównoważenia bazy danych szkoleń.

Niewielki rozmiar bazy danych stanowi kolejny problem w rozwoju ANN ze względu na brak możliwości podziału bazy danych na dość duże podzbiory do celów szkoleniowych, testowych i walidacyjnych. Aby zwiększyć rozmiar bazy danych, trywialnym sposobem jest uzyskanie nowych danych (jeśli to możliwe) lub wtrącenie losowego szumu do dostępnych przykładów w celu wygenerowania nowych. Dodatek szumu zwykle zwiększa odporność ANN na błędy pomiaru. Jeżeli wzbogacanie danych nie jest możliwe, do opracowania sieci można zastosować metodę "leave-one-out" (lub metodę "leave-out") (Hecht-Nielsen, 1990; Rizzo i Dougherty, 1994). Przy dostępnych przykładach M sieć jest szkolona na przykładach M - 1(lub M - k) i testowana na jednym (lub k) nieużywanym przykładniku (przykładach). Procedura jest powtarzana M razy, każdy z nowym zestawem losowo inicjowanych wag.

Rozwiązania sieci M są następnie uśredniane w celu uzyskania reprezentatywnego rozwiązania problemu. Inne techniki treningu i walidacji sieci z ograniczonymi danymi obejmują zgrupowaną walidację krzyżową, zgrupowany scyzoryk i pasek startowy (Twomey i Smith, 1997).

1. 1. 7.1.3. 7.1.3. Normalizacja danych:

Normalizacja (skalowanie) danych w jednolitym zakresie (np. 0 -1) jest niezbędna, aby (i) nie dopuścić do tego, by większe liczby przewyższały mniejsze, oraz (ii) zapobiec przedwczesnemu nasycaniu się ukrytych węzłów, co utrudnia proces uczenia się. Jest to szczególnie ważne, gdy rzeczywiste dane wejściowe przyjmują duże wartości. Nie ma jednej standardowej procedury normalizacji danych wejściowych i wyjściowych. Jednym ze sposobów jest skalowanie zmiennych wejściowych i wyjściowych (z) w przedziale [λ1,λ2] odpowiadającym zakresowi funkcji transferu:

$$x_i = \lambda_1 + (\lambda_2 - \lambda_1)\left(\frac{z_i - z_i^{\min}}{z_i^{\max} - z_i^{\min}}\right), \quad (10)$$

gdzie xi jest znormalizowaną wartością z, a z_i^{max} i z_i^{min} są maksymalnymi i minimalnymi wartościami z w bazie danych. Zaleca się, aby dane były znormalizowane pomiędzy lekko przesuniętymi wartościami, takimi jak 0,1 i 0,9, a nie pomiędzy 0 i 1, aby uniknąć nasycenia funkcji esicy prowadzącej do powolnego uczenia się lub jego braku (Hassoun, 1995; Masters, 1994). Inne, bardziej skomplikowane obliczeniowo techniki są podane przez Mastersów (1994), Swinglera (1996) oraz Dowla i Rogersa (1995). Masters (1994) wskazuje, że bardziej skomplikowane techniki nie mogą dać lepszego rozwiązania niż to uzyskane przy zastosowaniu normalizacji liniowej (np. 10). Dla parametrów o wyjątkowo dużym zakresie, korzystne może być przyjęcie logarytmu danych przed normalizacją [jeśli dane zawierają zera, można użyć log (z + 1)].

1. 1. 7.1.4. Reprezentacja wejścia/wyjścia:

Właściwa reprezentacja danych odgrywa również rolę w projektowaniu udanego ANN (Masters, 1994). Dane wejściowe i wyjściowe mogą być ciągłe, dyskretne lub stanowić połączenie obu. Na przykład w problemie klasyfikacji, gdzie każda ze zmiennych wejściowych należy do jednej z kilku klas, a wyjście jest również klasą, wszystkie wejścia i wyjścia mogą być reprezentowane przez liczby binarne, takie jak 0 i 1 (lub 0.1 i 0.9, aby zapobiec nasyceniu). Jeśli dwa wejścia (A i B) mają być przypisane do czterech poziomów aktywacji (np. niski, średni, wysoki i bardzo wysoki), to każde wejście może być reprezentowane przez dwa numery binarne, takie jak 00, 01, 10 i 11, aby wskazać cztery poziomy aktywacji. Inna reprezentacja może przypisać cztery numery binarne do każdego wejścia, takie jak 0001, 0010, 0100 i 1000, gdzie położenie 1 określa rodzaj aktywacji zmiennej wejściowej. Podobny sposób postępowania stosuje się do zmiennych wyjściowych.

Reprezentacja ta zwiększa wymiarowość wektora wejściowego (dwucyfrowa reprezentacja przekształca wektor wejściowy na cztery wejścia, a czterocyfrowa reprezentacja na osiem wejść). Wejścia i wyjścia binarne są bardzo przydatne w wyciąganiu zasad z sieci szkoleniowej (Fu, 1995). W tym celu zmienną ciągłą można zastąpić liczbami binarnymi, dzieląc jej zakres na kilka przedziałów czasowych, z których każdy przypisany jest do konkretnej klasy. Istnieją również specjalistyczne algorytmy dyskretyzowania zmiennych w oparciu o ich dystrybucję (Kerber, 1992).

1. 1. 7.1. 5. Inicjalizacja wagi sieci:

Inicjalizacja sieci polega na przypisaniu wartości początkowych dla wag (i progów) wszystkich połączeń. Niektórzy badacze (np. Li et al., 1993; Schmidt et al., 1993) wskazują, że inicjalizacja wag może mieć wpływ na konwergencję sieci. Hassoun (1995) wyjaśnił, że jeśli początkowy wektor wagowy znajduje się w płaskim obszarze powierzchni błędu, konwergencja może być bardzo powolna. Inne badania (np. Fahlman, 1988) wykazały, że inicjalizacja ma niewielki wpływ zarówno na konwergencję, jak i na końcową architekturę sieci. Zazwyczaj wagi i progi są inicjowane jednolicie, w stosunkowo niewielkim zakresie, przy zerowych średnich liczbach losowych (Rumelhart i in., 1986). Jednakże bardzo mały zakres może prowadzić do bardzo małych gradientów błędów, które mogą spowolnić początkowy proces uczenia się. Wybór małych liczb jest bardzo istotny dla zmniejszenia prawdopodobieństwa przedwczesnego nasycenia się neuronów (Lee i in., 1991). ASCE (2000) zaleca przypisywanie wag i progów początkowym małym wartościom losowym pomiędzy 20,30 a 10,30. Inicjalizacja masy może być również przeprowadzana na zasadzie neuron po neuronie (Haykin, 1994) poprzez przypisanie wartości jednolicie pobranych z zakresu (2 r/Nj, 1 r/Nj), gdzie r jest liczbą rzeczywistą zależną od funkcji aktywacji neuronu, a Nj jest liczbą połączeń zasilających neuron j. Wessels and Barnard (1992) stosują zerową średnią i jednostkowe odchylenie standardowe dla połączeń zasilających neurony o masie 21/2 21/2, z których próbki pobiera się z zakresu [2 3M , 1 3M], gdzie M jest liczbą mas w danej warstwie pośredniej. Nguyen i Widrow (1990) inicjują wektor wagowy tak, że każdy przykład wejściowy prawdopodobnie zmusi ukrytą jednostkę do efektywnego uczenia się.

1. 1. 7.1.6. Wskaźnik uczenia się ciśnienia tętniczego (h):

Wysoki wskaźnik uczenia się, h, przyspieszy trening (z powodu dużego kroku) poprzez zmianę wektora wagi, W, znacznie z jednego cyklu na drugi. Może to jednak spowodować, że poszukiwania będą oscylować na powierzchni błędu i nigdy się nie zbiegać, zwiększając tym samym ryzyko przekroczenia prawie optymalnego W. W przeciwieństwie do tego, niski wskaźnik uczenia się prowadzi poszukiwania stale w kierunku globalnego minimum, choć powoli. Stały współczynnik uczenia się może być wykorzystany w całym procesie szkolenia. Wythoff (1993) sugeruje h5 0.1- 10, Zupan i Gasteiger (1993) zalecają h5 0.3 - 0.6, a Fu (1995) zaleca h5 0.0 -1.0. Wskaźnik adaptacyjnego uczenia się [h(t)], który różni się w zależności od przebiegu treningu, może być również stosowany i może być skuteczny w osiąganiu optymalnego wektora wagi dla niektórych problemów. Generalnie, większe kroki są potrzebne, gdy poszukiwanie jest dalekie od minimum, a mniejsze, gdy poszukiwanie zbliża się do minimum. Ponieważ odległości od minimum nie można przewidzieć, zaproponowano różne heurystyki (Hassoun, 1995; Haykin, 1994).

1. 1. 7.1.7. Współczynnik pędu BP (m):

Termin tempo jest powszechnie używany w aktualizacji wagi, aby pomóc w poszukiwaniu uciec od lokalnych minimów i zmniejszyć prawdopodobieństwo niestabilności wyszukiwania (Haykin, 1994; Zupan i Gasteiger, 1993). Jak wynika z przykładu (6), μ przyspiesza aktualizację wagi, gdy istnieje potrzeba ograniczenia η *w* celu uniknięcia oscylacji. Wysokie μ *zmniejsza* ryzyko utknięcia sieci w lokalnych minimach, ale zwiększa ryzyko przekroczenia limitu rozwiązania, podobnie jak wysoki wskaźnik uczenia się. A $\mu > 1{,}0$ daje nadmierny udział przyrostów wagi z poprzedniego etapu i może powodować niestabilność (Henseler, 1995). I odwrotnie, bardzo mały μ prowadzi do powolnego treningu. Można wykorzystać zarówno stały, jak i zmienny moment obrotowy. Wythoff (1993) sugeruje μ = 0,4- 0,9, Hassoun (1995) i Fu (1995) sugerują μ = 0,0- 1,0, Henseler (1995) i Hertz et al. (1991) sugerują $\mu \approx 1{,}0$, a Zupan i Gasteiger (1993) sugerują $\eta+\mu \approx 1$. Swingler (1996) używa $\mu = 0{,}9$ i $\eta = 0{,}25$ w rozwiązywaniu wszystkich problemów, chyba że nie można było uzyskać dobrego rozwiązania. W zależności od tego, czy problem został rozwiązany, wydaje się, że sukces szkolenia jest różny w zależności od wybranego μ, a procedura prób i błędów jest zazwyczaj preferowana. Pęd adaptacyjny polega na różnicowaniu μ *w zależności od* cyklu treningu [tzn. μ (t)], w którym zmiany μ są dokonywane w odniesieniu do informacji o gradiencie błędu (Fahlman, 1988; Yu i in., 1993). Inne metody odnoszą μ do współczynnika adaptacyjnego uczenia się η w taki sposób, że μ jest zmniejszane w przypadku przyspieszenia uczenia się (Eaton i Olivier, 1992). W końcu, dodawanie pędu powinno być rozważane z ostrożnością ze względu na potrzebę podwojenia przestrzeni komputerowej do przechowywania ciężarów bieżących i poprzednich iteracji (patrz Eq. (6)).

1. 1. 7.1.8. Funkcja transferu,б:

Funkcja transferu (aktywacji), б, jest konieczna do przekształcenia ważonej sumy wszystkich sygnałów oddziałujących na neuron, w celu określenia jego intensywności spalania. Niektóre funkcje są przeznaczone tylko do wskazania, czy neuron może strzelać (funkcje krokowe) niezależnie od wielkości wzbudzenia netto (ξ) przez porównanie ξ do progu neuronu (równanie (1)). Większość zastosowań wykorzystujących sieci BPANN wykorzystuje funkcję esicy, która posiada wyróżniające ją właściwości ciągłości i zróżnicowania w zakresie (-∞,∞), podstawowych wymagań w procesie uczenia się w oparciu o BP. Moody i Yarvin (1992) podali różne wskaźniki powodzenia z różnymi funkcjami przekazywania danych w odniesieniu do nieliniowości i hałasu. Han i in. (1996) stosują wariantową funkcję logistyczną z trzema regulowanymi parametrami, a każdemu neuronowi przypisany jest inny zestaw wartości dla tych parametrów. Przewaga wyboru konkretnej funkcji transferowej nad inną nie jest jeszcze teoretycznie rozumiana (Hassoun, 1995).

1. 1. 7.1.9. 7.1.9. Kryteria konwergencji:

Trzy różne kryteria mogą być stosowane w celu przerwania szkolenia: (i) błąd szkolenia ($\rho \leq \varepsilon$), (ii) gradient błędu $(\nabla\rho \leq \delta)$, oraz (iii) walidacja krzyżowa, gdzie r jest funkcją błędu arbitralnego, a ′ i d są małymi rzeczywistymi liczbami. Trzecie kryterium jest bardziej wiarygodne, jednak jest bardziej wymagające obliczeniowo i często wymaga dużej ilości danych. Konwergencja jest zwykle oparta na funkcji báĊdu, r, wykazującej odchyáki prognoz od odpowiednich docelowych wartoĞci wyjĞcia, takich jak suma kwadratów odchyáek. Trening przebiega do momentu, w którym r zmniejsza się do pożądanego minimum. Funkcja r może być również wyrażona jako względny błąd wartości bezwzględnych odchyleń uśrednionych w podzbiorze. Innym kryterium jest współczynnik wyznaczania, R2, reprezentujący zgodność pomiędzy wynikami przewidywanymi i docelowymi. Inne bardziej zaangażowane metody monitorowania szkoleń sieciowych i generalizacji oparte są na teorii informacji (Swingler, 1996).

Najczęściej stosowanym kryterium zatrzymania w treningu sieci neuronowych jest suma luster kwadratowych (SSE) obliczana dla treningów lub podzbiorów testowych jako:

$$\mathrm{SSE} = \frac{1}{N}\sum_{p=1}^{N}\sum_{i=1}^{M}(t_{pi} - O_{pi})^2, \qquad (11)$$

gdzie Opi i tpi są, odpowiednio, rzeczywistym i docelowym rozwiązaniem i-tego węzła wyjściowego w p-tym przykładzie, N to liczba przykładów szkoleń, a M to liczba węzłów wyjściowych. Niektóre kryteria GSS obejmują pewien stopień złożoności architektury sieci (Garth i in., 1996). Ogólnie rzecz biorąc, wraz ze wzrostem liczby ukrytych węzłów lub cykli szkoleniowych, błąd dotyczący danych szkoleniowych zmniejsza się w nieskończoność, jak pokazano na rysunku IV.5. Początkowy duży spadek błędu jest spowodowany uczeniem się, ale późniejsze powolne zmniejszanie się błędu może być przypisane (i) zapamiętywaniu sieci wynikającemu ze zbyt dużej liczby wykorzystywanych cykli szkoleniowych i/lub (ii) nadmiarowi z powodu wykorzystania dużej liczby ukrytych węzłów. Podczas szkolenia ANN monitoruje się błąd w podzespołach testowych, który na ogół wykazuje początkowe zmniejszenie, a następnie zwiększenie, wynikające z zapamiętania i przetrenowania szkolonego ANN. Ostateczna (optymalna) architektura sieci neuronowej jest uzyskiwana na początku wzrostu błędu danych testowych.

Inne wskaźniki błędów mogą być stosowane i mogą równie dobrze sprawdzać się w optymalizacji struktury sieci (Twomey i Smith, 1997). W przypadku problemów z klasyfikacją (wynik dyskretny) kryterium konwergencji powinno być oparte na wskaźniku trafienia (lub braku trafienia) reprezentującym odsetek prawidłowo (lub nieprawidłowo) sklasyfikowanych przykładów lub macierzy dezorientacji (Lakshmanan, 1997), a nie na bezwzględnym odchyleniu klasyfikacji sieci od klasyfikacji docelowej.

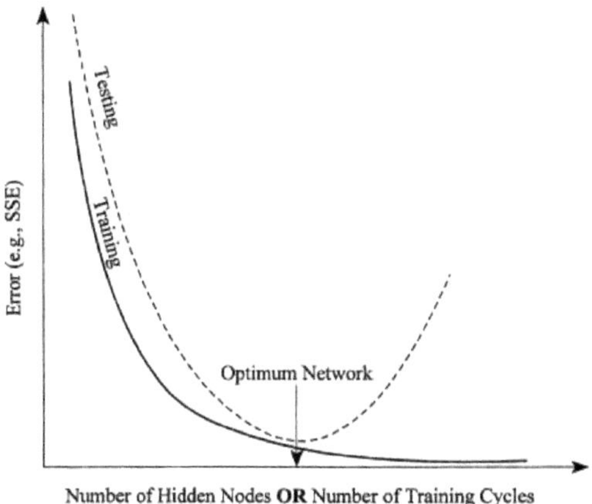

Rysunek .5. Kryteria zakończenia szkolenia i wybór optymalnej architektury sieci.

1. 1. 7.1.10. 7.1.10. Liczba cykli szkoleniowych:

Liczba cykli treningowych wymaganych do prawidłowego uogólnienia może być określona na podstawie prób i błędów. Dla danej architektury ANN błąd zarówno w danych szkoleniowych, jak i testowych, jest monitorowany dla każdego cyklu szkoleniowego. Szkolenie trwające tak długo może doprowadzić do powstania sieci, która może służyć jedynie jako tablica przeglądowa, zjawisko zwane przetrenowaniem lub zapamiętywaniem (Zupan i Gasteiger, 1993; Wythoff, 1993). Teoretycznie, nadmierny trening może skutkować prawie zerowym błędem w przewidywaniu danych treningowych (zwanym przypomnieniem), jednak uogólnienie danych testowych może ulec znaczącej degradacji (Rysunek 5.). Początkowo błąd podzbioru testowego nadal zmniejsza się wraz z liczbą cykli treningowych. Ponieważ sieć traci zdolność do generalizacji na danych testowych, błąd zaczyna narastać po każdej epoce. Chociaż błąd na danych testowych może nie przebiegać płynnie, uznaje się, że początek znacznego wzrostu błędu stanowi optymalną liczbę cykli dla danej architektury ANN.

1. 1. 7.1.11. Tryby treningowe:

Przykłady szkoleń są prezentowane w sieci w jednym lub kombinacji dwóch trybów:

(i) przykładowe szkolenie na podstawie próbki (EET), oraz
(ii) szkolenie okresowe (BT) (Zupan i Gasteiger, 1993; Wythoff, 1993).

W trybie EET, wagi są aktualizowane natychmiast po przedstawieniu każdego przykładu treningu. Tutaj pierwszy przykład jest prezentowany w sieci, a algorytm nauki BP składający się z przesunięć w przód i w tył jest stosowany albo dla określonej liczby iteracji, albo do momentu, gdy błąd spadnie do pożądanego poziomu. Po zapoznaniu się z pierwszym przykładem, prezentowany jest drugi przykład i procedura jest powtarzana. Zalety systemu EET obejmują mniejsze wymagania w zakresie przechowywania mas w porównaniu z BT oraz lepsze wyszukiwanie stochastyczne, które zapobiega uwięzieniu w lokalnych minimach (Zupan i Gasteiger, 1993). Wada EET wiąże się z tym, że nauka może utknąć w pierwszym bardzo złym przykładzie, co może wymusić poszukiwania w złym kierunku. I odwrotnie, firma BT wymaga, aby aktualizacje wag były przeprowadzane po przedstawieniu w sieci wszystkich przykładów szkoleń. Oznacza to, że pierwszy cykl uczenia się będzie obejmował prezentację wszystkich przykładów szkoleń, a błąd jest uśredniany w stosunku do wszystkich przykładów szkoleń (np. (11)), a następnie uśredniony zgodnie z prawem o uczeniu się w oparciu o BP. Po zakończeniu, drugi cykl obejmuje kolejną prezentację wszystkich przykładów i tak dalej. Zalety trybu BT obejmują lepsze oszacowanie wektora gradientu błędu oraz bardziej reprezentatywny pomiar wymaganej zmiany masy ciała. Ten tryb treningowy wymaga jednak przechowywania dużej ilości masy ciała i jest bardziej prawdopodobne, że zostanie uwięziony w lokalnym minimum (Zupan i Gasteiger, 1993).

Dla lepszego wyszukiwania, kolejność prezentacji przykładów szkoleń może być randomizowana pomiędzy kolejnymi cyklami szkoleniowymi (Zupan i Gasteiger, 1991). Skuteczność tych dwóch trybów treningowych może być specyficzna dla danego problemu (Hertz i in., 1991; Haykin, 1994; Swingler, 1996).

1. 1. 7.1.12. Rozmiar warstwy ukrytej:

W większości problemów z przybliżeniem funkcji, jedna ukryta warstwa wystarcza do przybliżenia funkcji ciągłych (Basheer, 2000; Hecht Nielsen, 1990). Ogólnie rzecz biorąc, dwie warstwy ukryte mogą być konieczne do uczenia się funkcji z nieciągłością (Masters, 1994). Określenie odpowiedniej liczby warstw ukrytych i liczby węzłów ukrytych (NHN) w każdej warstwie jest jednym z najbardziej krytycznych zadań w projektowaniu ANN. W przeciwieństwie do warstw wejściowych i wyjściowych, rozpoczyna się bez wcześniejszej wiedzy na temat liczby i wielkości warstw ukrytych. Jak pokazano na rysunku IV.6., sieć ze zbyt małą liczbą ukrytych węzłów nie byłaby w stanie rozróżnić złożonych wzorców prowadząc jedynie do liniowego oszacowania rzeczywistego trendu. W przeciwieństwie do tego, jeśli sieć ma zbyt wiele ukrytych węzłów, będzie podążać za szumem w danych z powodu nadmiernej parametryzacji prowadzącej do słabej generalizacji niewyszkolonych danych (Rysunek 6.). Wraz z rosnącą liczbą ukrytych węzłów, szkolenie staje się zbyt czasochłonne. Optymalna liczba HN niezbędna do uogólnienia sieci może być funkcją wielkości wektora wejścia/wyjścia, wielkości treningu i podzbiorów testowych oraz, co ważniejsze, problemu nieliniowości.

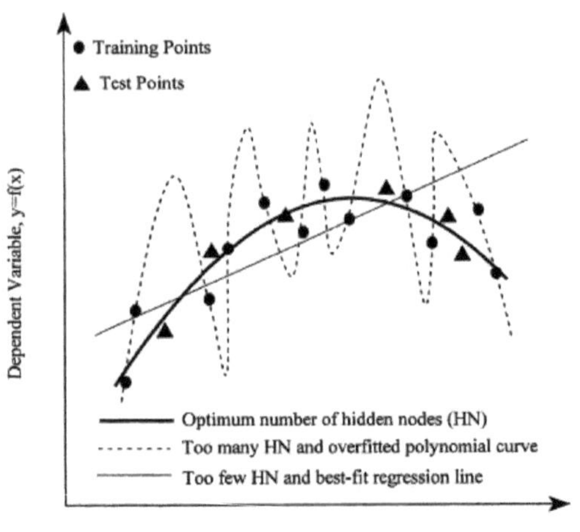

Rys.6 Wpływ wielkości warstwy ukrytej na generalizację sieci.

W literaturze dostępnych jest kilka zasad, które odnoszą rozmiar warstwy ukrytej do liczby węzłów w warstwach wejściowej (*NINP*) i wyjściowej (*NOUT*). Jadid i Fairbairn (1996) domagali się górnej granicy NHN równej *NTRN* /[*R* + (*NINP* + *NOUT*)], gdzie *NTRN* to liczba wzorców treningowych, a *R* = 5-10. Lachtermacher i Fuller (1995) sugerują, że NHN dla jednowymiarowego ANN bez uprzedzenia ustala się od 0,11 *NTRN* ≤ NHN(*NINP* + 1) ≤ 0,30 *NTRN*. Kapitanowie (1994) sugerują, że architektura ANN powinna przypominać piramidę z NHN ≈ $(NINP \cdot NOUT)^{1/2}$. Hecht-Nielsen (1990) zastosował twierdzenie Kol-mogrowa, aby udowodnić, że NHN ≤ *NINP* + 1. Upadhaya i Eryureka (1992) odnieśli NHN do *NTRN* (poprzez całkowitą liczbę ciężarów, *Nw*) zgodnie z *Nw* = *NTRN* log2 (*NTRN*), oraz Widrow i Lehr (1990) zgodnie z (*Nw* / *NOUT*) ≤ *NTRN* ≤ (*Nw* / *NOUT*) log2 (*Nw* / *NOUT*).

Stawianie czoła egzotycznym problemom, takim jak te o wysokiej nieliniowości i histerezie (np. Basheer, 1998, 2000), zmusza modelarza do wypróbowania sieci z ukrytymi warstwami, które mogą nie odpowiadać żadnej z tych zasad. Najbardziej popularnym podejściem do znalezienia optymalnej liczby ukrytych węzłów jest próba i błąd z jedną z powyższych zasad jako punktem wyjścia. Innym sposobem jest rozpoczęcie od małej liczby ukrytych węzłów i bazowanie na nich w miarę potrzeb, aby sprostać wymaganiom dokładności modelu. Ponownie, technika walidacji krzyżowej w celu określenia właściwego rozmiaru warstwy ukrytej polega na monitorowaniu błędu zarówno na treningu jak i podzespołach testowych w sposób podobny do tego, który został użyty do zatrzymania treningu (Rys. 8). Wśród innych popularnych, ale bardziej zaawansowanych technik optymalizacji wielkości sieci znajdują się metody wzrostu i przycinania (Sietsma i Dow, 1988).

1. 1. 7.1.13. 7.1.13. Optymalizacja parametrów:

Jak widać, trening ciśnienia tętniczego wymaga dobrego doboru wartości kilku parametrów, zwykle w drodze prób i błędów. Sześć parametrów nie powinno być ustawionych zbyt wysoko (duże) lub zbyt nisko (małe), dlatego też powinny być one zoptymalizowane lub starannie dobrane. Tabela V.1 zawiera listę tych parametrów oraz ich wpływ na konwergencję uczenia się i ogólną wydajność sieci.

Tabela .1 Wpływ skrajnych wartości parametrów projektowych na konwergencję szkoleniową i generalizację sieci.

Design parameter	Too high or too large	Too low or too small
Number of hidden nodes (NHN)	Overfitting ANN (no generalization)	Underfitting (ANN unable to obtain the underlying rules embedded in the data)
Learning rate (η)	Unstable ANN (weights) that oscillates about the optimal solution	Slow training
Momentum coefficient (μ)	Reduces risk of local minima. Speeds up training. Increased risk of overshooting the solution (instability)	Suppresses effect of momentum leading to increased risk of potential entrapment in local minima. Slows training
Number of training cycles	Good recalling ANN (i.e., ANN memorization of data) and bad generalization to untrained data	Produces ANN that is incapable of representing the data
Size of training subset (N_{TRN})	ANN with good recalling and generalization	ANN unable to fully explain the the problem. ANN with limited or bad generalization
Size of test subset (N_{TST})	Ability to confirm ANN generalization capability	Inadequate confirmation of ANN generalization capability

Rozwiązywanie problemów związanych z nauką ciśnienia tętniczego:

W rozwoju ANN błąd zarówno w podzespołach szkoleniowych, jak i testowych, jest monitorowany w każdym cyklu szkoleniowym i zwiększa się liczba ukrytych węzłów, jak opisano na Rys.5. Podczas szkolenia przez BP modelarz może stanąć w obliczu szeregu sytuacji, które mogą utrudnić proces tworzenia odpowiedniej sieci. Poniżej przedstawiono kilka typowych sytuacji, które mogą mieć różne przyczyny i potencjalne środki zaradcze:

(i) Błąd zarówno w szkoleniach, jak i w podzespołach testowych zmniejsza się monotonnie, ale powoli. Jest to zdrowy znak wskazujący na to, że system uczy się poprawnie i poprawia się z czasem zarówno w odniesieniu do szkolonych danych, jak i uogólnienia danych testowych. Aby przyspieszyć proces uczenia się, można zwiększyć tempo lub pęd uczenia się.

(ii) Wskaźnik uczenia się został zwiększony, aby przyspieszyć proces uczenia się, ale obserwuje się, że zmiana błędów zmienia się w trakcie cykli uczenia się. Może to wskazywać, że system jest niestabilny, a procesowi uczenia się towarzyszy zapominanie (Henseler, 1995). Zmniejszenie wskaźnika uczenia się i przekwalifikowanie jest możliwym środkiem zaradczym.

(iii) Błąd w podzestawie treningowym zmniejszył się prawie do zera, ale błąd w podzestawie testowym zmniejszył się tylko do wysokiego poziomu i prawie wyczerpał się na zewnątrz. Wskazuje to na to, że wszystko, co można było wyciągnąć z danych, zostało przechwycone przez sieć. Nie ma żadnej korzyści z tabeli 1 Wpływ ekstremalnych wartości parametrów projektowych na konwergencję treningu i uogólnienie sieci Projektowanie Zbyt wysoki lub zbyt niski lub parametr zbyt wysoki lub parametr zbyt niski Liczba ukrytych Overfitting ANN Underfitting (ANN unable nodes (NHN) (brak uogólnienia) w celu uzyskania podstawowych zasad zawartych w danych) Szybkość uczenia się (h) Niestabilny ANN (wagi) Wolny trening, który oscyluje wokół optymalnego rozwiązania Momentum Zmniejsza ryzyko lokalnych minimów. Tłumi efekt momencoefficient (m) Przyspiesza tempo treningu. Zwiększony guz prowadzący do zwiększonego ryzyka przekroczenia możliwości uwięzienia w roztworze (niestabilność) lokalnych minimów. Slows training Number of train-Good recalling ANN (i.e., Produces ANN that is ing cycles ANN memorization of data) incapable of representing and bad generalization to the data untrained data Size of training ANN with good recalling ANN unable to fully explain the subset (NTRN) and generalization the problem. ANN z ograniczonym lub złym uogólnieniem Rozmiar podzbioru testowego Zdolność do potwierdzenia ANN Niewystarczające potwierdzenie zdolności do uogólnienia zestawu (NTST) Szkolenie zdolności do uogólnienia ANN dalsze próby zmniejszenia wskaźnika nasilenia szkolenia mogą pomóc w złagodzeniu błędu dotyczącego problemu podzbioru testowego. Jeżeli jednak problem utrzymuje się lub jest nowy

(iv) Błąd na podzestawie treningowym zmniejszył się do niestabilnego zachowania jest obserwowany, obecność prawie zero, ale błąd na podzestawie testowym zaczął niespójne przykłady (zły / sprzeczny) w celu zwiększenia po początkowym spadku. Wskazuje to na podejrzenie wystąpienia podzbioru treningowego. Dokładne statystycznie, że sieć zaczęła zapamiętywać dane, analiza wartości odstających w danych może być konieczne i jego zdolność do generalizacji pogorszyła się. W celu oczyszczenia podzbioru treningowego. W niektórych sytuacjach należy sprawdzić punkt (np. cykle NHN i / lub treningu) inny schemat reprezentacji danych lub zwiększyć minimalny błąd na krzywej błędów podzbioru testowego, podając liczbę ukrytych węzłów, które mogą być potrzebne i przekwalifikować sieć do tego punktu. (vii) Błąd zarówno na treningu jak i teście.

(v) Błąd w podzbiorze szkoleniowym zmniejszył się do pewnego poziomu, ale nie spadł prawie do zera, ale błąd w podzbiorze testowym ulega zmianie. Jeżeli te poziomy są akceptowalne na znacznie wyższym poziomie i nie zmieniły się od tego czasu, sieć nauczyła się, co ma być początkiem szkolenia. To może być oznaką nauki. Nowe szkolenia powinny być prowadzone aż do niereprezentatywnych danych testowych, takich jak przykłady z początku tego stałego zachowania, a ostateczna sieć poza dziedziną problemową lub z błędną architekturą pracy jest zapisywana. Jeśli poziomy te są danymi. Podzbiór testowy powinien być sprawdzony i wszelkie niedopuszczalne, nowe ukryte węzły mogą być dodane
Zły przykład usunięty lub przykłady z zewnątrz, po których stopniowo następuje przekwalifikowanie.

vi) Błąd w danych dotyczących szkolenia zmniejszył się na początku szkolenia, ale jest nadal wysoki nawet po dużej liczbie cykli szkoleniowych. Takie zachowanie jest częste, gdy stosowany jest mały współczynnik uczenia się. Zwiększenie tempa treningu może pomóc złagodzić ten problem. Jednakże, jeśli problem utrzymuje się lub obserwuje się nowe niestabilne zachowanie, podejrzewa się obecność niespójnych przykładów (zły/ sprzeczny) w podzbiorze treningu. W celu oczyszczenia podzbioru treningowego może być konieczna dokładna analiza statystyczna wartości odstających w danych. W niektórych sytuacjach może być potrzebny inny schemat reprezentacji danych lub zwiększenie liczby ukrytych węzłów.

(viii) Błędy zarówno w części szkoleniowej, jak i testowej są znacznie większe i nie zmieniają się wraz z cyklem szkolenia. Może to wskazywać na to, że poszukiwanie utknęło w lokalnym minimum lub przedstawiony problem nie ma rozwiązania. Częściej jednak to, co wydawało się lokalnym minimum, może w rzeczywistości oznaczać, że wagi stały się wystarczająco duże, aby doprowadzić neurony do nasycenia, gdy pochodne są bliskie zeru. Zmiana metody inicjalizacji masy może pomóc w rozwiązaniu tego problemu. Jeśli jest to lokalny problem minimalny, zwiększenie pędu może pomóc w ucieczce od niego.

Wnioski

Głębokie uczenie się jest w dzisiejszych czasach gorącym tematem badawczym. Sieci neuronowe są końmi roboczymi głębokiego uczenia się. W tych badaniach badano podstawy sieci neuronowych. Omówiono definicję sztucznej sieci neuronowej, uczenie się sieci neuronowych, najpopularniejsze rodzaje sieci neuronowych - pracę.

Referencje

1 - Acerbi-Junior F.W., Clevers J.G.P.W., Schaepman M.E. , 2006 " The assessment of multi-sensor image fusion using wavelet transforms for mapping the Brazilian Savanna" International Journal of Applied Earth Observation and Geo information 8 (2006) , PP. (278-288) .

2 - Aguilar F. J., Carvajal F. , Aguilar M.A. , Ag¨uera F. " Rozwój kartografii cyfrowej w zastosowaniach planowania obszarów wiejskich " Komputery i elektronika w rolnictwie55 (2007) , PP.(89-106).

3 - Amolins K., Zhang Y. , Dare P.,2007 "Wavelet based image fusion techniques - An introduction, review and comparison" , ISPRS Journal of Photogrammetry & Remote Sensing , 62 (2007) , PP.(249-263) .

4 - Anderson, J.A., Rosenfeld, E., 1988. "Neurocomputing. Fundacje Badań ". MIT Press, Cambridge , MA.

5 - ASCE, 2000. "Sztuczne sieci neuronowe w hydrologii. I. Koncepcje wstępne" . J. Hydro. Eng. ASCE 5, PP . (115 – 123).

6 - Attoh-Okine, N., Basheer, I., Chen, D.-H., 1999. " Wykorzystanie sztucznych sieci neuronowych w systemach geomechanicznych i chodnikowych " . Trans. Res. Board, Circular E-C012.

7 - Ayhan E., Erden Ö., Atay G. i Tunç E. , 2006 " Digital Orthophoto Generation with Aerial Photos and Satellite Images and Analyzing of Factors which Affect Accuracy " XXIII FIG Congress Monachium, Niemcy, 8-13 października 2006.

8 - Baltsavias E., Zhang C.,2005 "Automatyczna aktualizacja baz danych drogowych z obrazów lotniczych" International Journal of Applied Earth Observation and Geoinformation 6 (2005) , PP . (199-213).

9 - Barron, A.R., 1993. "Uniwersalne granice aproksymacji dla super położeń funkcji sigmoidalnej"IEEE Trans. Informuj. Teoria 39 (3), PP. (930 – 945) .

10 - Basheer, I., 2000. "Wybór metodyki modelowania zachowań histeretycznych gleb przy użyciu sieci neuronowych " . J. Comput.-aided Civil Infrastructure. Inż. 5 (6),PP.(445 - 463).

11 - Baum, E., Haussler, D., 1989. "Jaki rozmiar netto daje prawidłowe uogólnienie? "Obliczenia Neuronowe 1, PP. (151 – 160) .

12 - Bhatta B., 2010 , " Analiza wzrostu i rozrostu miast na podstawie danych z teledetekcji Springer-Verlag Berlin Heidelberg " .

13 - Biskup, C., 1995. " Sieci neuronowe do rozpoznawania wzorów " . Oxford University Press, Oxford .

14 - Bong D. B. L., Lai K.C. i Joseph A., 2009 " Automatyczne rozpoznawanie sieci dróg i ich wydobycie na potrzeby planowania przestrzennego " Światowa Akademia Nauk, Inżynierii i Technologii 53 2009.

15 - Borghys D., Perneel C., Acheroy M., 2002 "Automatic detection of built-up areas in highresolution polar metric SAR images" Pattern Recognition Letters 23 (2002) , PP. (1085-1093).

16 - Bretar , F., Chesnier, M., Roux , M.and Pierrot , M.,2004 "Modelowanie terenu i klasyfikacja danych lotniczych przy użyciu filtrowania wieloprzepustowego " http://www.cartesia.org/geodoc/isprs2004/comm3/papers/287.pdf dostęp 11/1/2009

17 - Carpenter, G.A., Grossberg, S., 1988. "Sztuka adaptacyjnego rozpoznawania wzorów przez samoorganizującą się sieć neuronową" . Marsz komputerowy, PP. (77 – 88) .

18 - Carson, C.A., Keller, J.M., McAdoo, K.K., Wang, D., Higgins, B., Bailey, C.W., Thorne, J.G., Payne, B.J., Skala, M., Hahn, A.W., 1995. " Escherichia coli O157:H7 rozpoznawanie wzorca restrykcyjnego przez sztuczną sieć neuronową " . J. Clin. Mikrobol. 33, (2894 – 2898) .

19 - Cavallini, R., Mancini, F.and Zanni , M.,2004" Ortorektyfikacja zdjęć satelitarnych hr z przestrzeni kosmicznej DSM" Międzynarodowe Archiwum Fotogrametrii i Teledetekcji Stambuł2004.

20 - Chekalin, V. F. i Fomtchenko M. M. , 2009 "Charakterystyka porównawcza DEM uzyskana z obrazów satelitarnych spot-5 i TK-350" . http://www.isprs.org/HRS/PDF/82.pdf dostęp 11/1/2009.

21 - CHEN M., SU W., LI L., ZHANG C., YUE A., LI H.,2008 " A Comparison of Pixel-based and Object-oriented Classification Using SPOT5 Imagery" Proceedings of the 13th WSEAS International Conference on APPLIED MATHEMATICS " (MATH'08) .

22 - Cheng, B., Titterington, D.M., 1994. "Sieci neuronowe - przegląd z perspektywy statystycznej. Statystyczny " . Sci. 9, 2 - 54.

23- Chun, J., Atalan, E., Kim, S.B., Kim, H.J., Hamid, M.E., Trujillo, M.E., Magee, J.G., Manfio, G.P., Ward, A.C., Goodfellow, M., 1993a. "Szybka identyfikacja Streptomyces za pomocą analizy sztucznych sieci neuronowych widm masowych pirolizy" . FEMS Microbiol. Lett. PP. (114, 115 – 119) .

24 - Chun, J., Atalan, E., Ward, A.C., Goodfellow, M., 1993b. " Artificial neural network analysis of pyrolysis mass spectrometric data in the identification of Streptomyces" . FEMS Microbiol. Lett. PP.(107, 321 - 325) .

25- Clode S., Kootsookos P. , Rottensteiner F., 2003" The automatic extraction of roads from lidar data".

26 - Devriendt , D. Goossens, R., Binard, M. , 2004 "Generacja cyfrowych modeli powierzchni i ortofotomap obszarów miejskich z fotelami ikonosowymi".

27 - Dong J.. Zhuang D., Huang Y. i Fu J., 2009 , " Advances in Multi-Sensor Data Fusion: Algorytmy i czujniki aplikacji " 2009, 9, 7771-7784; doi:10.3390/s91007771.

28 - Dowla, F.U., Rogers, L.L., 1995. "Solving problems in Environmental Engineering and Geosciences with Artificial Neural Networks" . MIT Press, Cambridge, MA.

29 - Eaton, H.A.C., Olivier, T.L., 1992. " Współczynnik uczenia się zależy od wielkości zestawu treningowego. Sieci neuronowe " , PP.(5, 283 - 288) .

30 - Elshehaby A. R., Taha L. G. i Ramzi A. I. "Automatic road network extraction and updating based on Spectral angler mapper from Medium and high resolution Satellite images " CERM civil engineering research magazine Journal (Al-Azhar university-Egypt).

31 - Fahlman, S.E., 1988. " Empiryczne badanie szybkości uczenia się w propagacji wstecznej " . Raport techniczny, CMU-CS-88-162, Uniwersytet Carnegie-Mellon.

32 - Frasera C. , Tshering D., Gruenc A. " Zdjęcia satelitarne wysokiej rozdzielczości do generowania informacji przestrzennej w BHUTAN " Międzynarodowe Archiwum Fotogrametrii, Teledetekcji i Informacji Przestrzennej. Vol. XXXVII. Część B6a. Pekin 2008.

33 - Fu, L., 1995. "Sieci Neuronowe w Inteligencji Komputerowej" . McGraw-Hill, Nowy Jork.

34 - Gacemer A. O. i Turker M., 2002 "Dokładność korekcji geometrycznej zdjęć panoramicznych IRS 1C/D z wykorzystaniem mapy a punkty kontrolne GPS" Międzynarodowe Sympozjum na temat GIS, 23-26 września 2002, Stambuł-Turcja.

35 - Garth, A.D.N., Rollins, D.K., Zhu, J., Chen, V.C.P. et al., 1996. "Evaluation of model discrimination techniques in artificial neural networks with application to grain drying . "W: Dagli, C.H. et al. (Eds.). Artificial Neural Networks In Engineering, ANNIE, Vol. 6, pp. (939 - 950).

36 - Geeraerd, A.H., Herremans, C.H., Cenens, C., Van Impe, J.F., 1998. "Zastosowanie sztucznych sieci neuronowych jako nieliniowej techniki modelowania modularnego do opisu rozwoju bakterii w chłodzonych produktach żywnościowych". "Int. J. Food Microbiol , PP.(44, 49 - 68) .

37 - Gelautz, M., Paillou, P. , Chen , C. W. and Zebker, H. A. , 2003 " Radar stereo i interferometryczne cyfrowe modele elewacji: porównanie i połączenie z wykorzystaniem zdjęć satelitarnych Radar i ERS-2 " INT. J. Remote Sensing, 20 grudnia 2003 r., VOL. 24, PP. (24, 524-526) .

38 - Giacomini, M., Ruggiero, C., Bertone, S., Calegari, L., 1997. "Artificial neural network identification of heterotrophic marine bacteria based on their fatty-acid composition . "IEEE Trans. Biomed. IEEE Trans Biomed. 44, STR. (1185- 1191).

39 - Goodacre, R., 1997. " Wykorzystanie pirolizy spektrometrii mas z nadzorowanym uczeniem się do oceny zafałszowania mleka różnych gatunków. "Zastosowanie spektroskopii. STR.(51, 1144 - 1153) .

40 - Goodacre, R., Howell, S.A., Noble, W.C., Neal, M.J., 1994. "Dyskryminacja podgatunkowa przy użyciu pirolizy spektrometrii masowej i samoorganizujących się sieci neuronowych

Propionibacterium acnes wyizolowanych z normalnej ludzkiej skóry. "Zbl. Zbl. Bakt. ZBL. BAKT. PP. (22, 124 – 136).

41 - Goodacre, R., Kell, D.B., Bianchi, G., 1993. " Rapid assessment of olive oil adulteration using pyrolysis mass spectrometry and artificial neural networks. "J. Sci. Food Agric. PP. (63, 297 – 307).

42 - Hajmeer, M.N., Basheer, I.A., Fung, D.Y.C., Marsden, J.L., 2000. "New approach for modeling generalized microbial growth curves using artificial neural networks " (under review).

43 - Hajmeer, M.N., Basheer, I.A., Najjar, Y.M., 1996. "The growth of Escherichia coli O157:H7 - a back propagation neural network approach. W: Dagli, C.H. et al. (Eds.), Proceedings ANNIE'96 - Intelligent Engineering Systems Through Artificial Neural Networks " . ASME Press, str. (635 - 640) .

44 - Hajmeer, M.N., Basheer, I.A., Najjar, Y.M., 1997. " Computational neural networks for predictive microbiology. II. Zastosowanie do wzrostu mikrobiologicznego. "Int. J. Food Microbiol. PP.(34, 51 - 66).

45 - Han, J., Moraga, C., Sinne, S., 1996. "Optymalizacja zasilania sieci neuronowych forward". "Eng. Appl. Artif. Intell. 9 (2), STR.(109-119) .

46- Hana S.S., Lia H.T. i Gua H.Y., 2008 "The study on image fusion for high spatial resolution remote sensing images " The International Archives of the Photogrammetry, Remote Sensing and Spatial Information Sciences. Vol. XXXVII. Część B7. Pekin.

47 - Hanson, S.J., 1995. " Backpropagation: niektóre komentarze i wariacje. W: Rumelhart, D.E., Yves, C. (Eds.), Backpropagation: Teoria, architektura i zastosowania. Lawrence Erlbaum " , s. (237-271).

48 - Hassoun, M.H., 1995. "Podstawy Sztucznych Sieci Neuronowych. " MIT Press, Cambridge, MA. Haykin, S., 1994. Sieci Neuronowe: Kompleksowa fundacja. Macmillan, Nowy Jork.

49 - Hauptfleisch.A.C., 2010. " Automatyczna ekstrakcja sieci drogowej z obrazów satelitarnych wysokiej rozdzielczości przy użyciu metod klasyfikacji spektralnej " . W: Uniwersytet w Pretorii, s.(12-16) .

50 - Hebb, D.O., 1949. "Organizacja Zachowania. Wiley, Nowy Jork. Hecht Nielsen, R., 1988. Zastosowania sieci przeciwdziałających propagacji " . Sieci Neuronowe PP.(1, 131-139). Hecht-Nielsen, R., 1990. Neurocomputing. Addison Wesley, Reading, MA.

51 - Henseler, J., 1995. Backpropagacja. W: Braspenning, P.J. et al. (Eds.), " Artificial Neural Networks, An Introduction to ANN Theory and Practice " . Uwagi do wykładów z informatyki. Springer, NY, str. (37 - 66) .

52 - Hertz, J., Krogh, A., Palmer, R.G., 1991. "Wstęp do Teorii Obliczeń Neuronowych" . Addison-Wesley, Reading, MA.

53 - Hinz S. "Automatic road extraction in urban scenes-and beyond" In: International Archives of Photogrammetry and Remote Sensing ISPRS2004 http://citeseerx.ist.psu.edu/viewdoc/summary?doi=10.1.1.133.1113.

54 - Hiranoa A. , Welch R., Lang H. , 2003 " Mapping z danych obrazu stereo ASTER: weryfikacja DEM i ocena dokładności " ISPRS Journal of Photogrammetry & Remote Sensing 57 (2003) PP.(356- 370) .

55 - Hoffman, R., 1987. " Problem wydobywania wiedzy ekspertów z perspektywy psychologii eksperymentalnej " . AI Mag. PP. (8, 53 – 67).

56 - Höhle J., Pedersen C. Ø., Bayer T. i Frederiksen P. "Fotogrametryczne sporządzanie cyfrowych modeli terenu w terenie zabudowanym".

57 - Hong G., Zhang Y.,2003 " The effects of different types of wavelets on image fusion " .

58 - Hopfield, J.J., 1984. "Neurony o stopniowanej odpowiedzi mają zbiorowe właściwości obliczeniowe, jak neurony dwustanowe" . Proc. Natl. Acad. Sci. PP. (81, 308- 309) .

59 - Hopfield, J.J., Tank, D.W., 1986. "Obliczenia z obwodami neuronowymi: model. Nauka " PP. (233, 625-633).

60 - Horimoto, Y., Karoline, L., Nakai, S., 1997. " Klasyfikacja uszkodzeń mikrobiologicznych w mleku za pomocą dynamicznego chromatografu gazowego w przestrzeni nad głową i komputerowego wspomagania przetwarzania danych " .

61 - Hosseini M. i Amini J.,2005 "Comparison Between 2-D and 3-D Transformations for Geometric Correction of IKONOS images" ISPRS, Hannove, 2005

62 - Hudson, P., Postma, E., 1995. " Wybierając i używając sieci neuronowej. W: Braspenning", P.J. et al. (Eds.), Artificial Neural Networks, An Introduction to ANN Theory and Practice. Uwagi do wykładów z informatyki. Springer, NY, s. (273 - 287) .

63 - Ismail M. i ElMowelhi N.M., 2004 "Produkcja map fotograficznych i topograficznych dla Toshki z obrazów satelitarnych SPOT "CERM vol(26) No.1 January 2004 , PP. (73-85) .

64 - Jacobsen , K. i Passini , R. , 2009 "Filtracja cyfrowych modeli elewacji".

www.ipi.uni-hannover.de/uploads/tx_tkpublikationen/jac_Filtasp.pdf, dostęp 11/1/2009.

65 - Jacobsen, K. , 2003 "Orthoimages and DEMs by QuickBird and IKONOS" EARSeL Ghent www.ipi.uni-hannover.de/uploads/tx.../jac03QBlko.pdf dostęp 11/1/2009.

66-Jacobsen,K.,2003 "Generacja DEM z danych satelitarnych" www.earsel.org/tutorials/Jac_03DEMGhent_red.pdf.

67 - Jadid, M.N., Fairbairn, D.R., 1996. "Predicting moments-curvature parameters from experimental data. "Eng. Appl. Artif. Intell. 9 STR.(3, 309 - 319) .

68- Jain, A.K., Mao, J., Mohiuddin, K.M., 1996. "Sztuczne sieci neuronowe: tutorial. "Obliczenia. IEEE March, PP.(31 - 44) .

69 - Jonsson, A., Winquist, F., Schunrer, J., Sundgren, H., Lundston, I., 1997. " Elektroniczny nos do mikrobiologicznej klasyfikacji ziaren . "Int. J. Microbiol spożywczy. STR.(35, 187 - 193) .

70 - Jyothi M.V. , Radhadevi P.V. , Solanki S.S. " Topograficzne bazy danych w generacji produktów IRS_P6 Liss-4" ISPRS Journal of Photogrammetry & Remote Sensing 63 (2008),PP.(322-332) .

71 - Kandel, A., Langholz, G. (Eds.), 1992. " Architektury hybrydowe dla systemów inteligentnych " . CRC Press, Boca Raton, FL.

72 - Karabork H.,, Yildiz F., Coskun E., Yilmaz H.M., Yakar M." badanie dokładności dla cyfrowych modeli wysokościowych generowanych różnymi metodami w fotogrametrii. "

73 - Kerber, R., 1992. ChiMerge: " Dyskretyzacja atrybutów numerycznych . "W. AAAI 92, Postępowanie 9. Krajowej Konferencji na temat AI. MIT Press, Cambridge, MA, str. (123 - 128) .

74 - Kohonen, T., 1989. "Samo-organizacja i Pamięć Stowarzyszeniowa", Wydanie 3. Springer, Nowy Jork.

75 - Krishnamoorthy S. i Soman K. P., 2010 , "Implementation and Comparative Study of Image Fusion Algorithms" International Journal of Computer Applications " (0975 - 8887).

76 - Kumar G. R. H. i Singh D. , 2010 "Quality assessment of fused image of MODIS and PALSAR" Progress In Electromagnetics Research B, PP.(24, 191-221).

77 - Lachtermacher, G., Fuller, J.D., 1995. "Backpropagacja w prognozowaniu serii czasowych. "J. Forecasting PP."(14, 381 - 393) .

78- Lakshmanan, V., 1997. "Wykrywając rzadkie podpisy. W: Dagli, C.H. et al. (Eds.). Artificial Neural Networks in Engineering " , ANNIE, Vol. 7. ASME Press, NY, pp.(521 - 526) .

79 - Lee, J. , Han , S. , Lee , S. and Park, J., 2008 " Correcting DEM extracted from aster stereo images by combining cartographic DEM Commission " VI, WG I/5 http://www.isprs.org/congresses/beijing2008/proceedings/1_pdf/143.pdf.

80 - Lee, Y., Oh, S.H., Kim, M., 1991. "Wpływ początkowych ciężarów na przedwczesne nasycenie w uczeniu się tylnej propagacji" . W: Proceedings of an International Joint Conference on Neural Networks, Seattle, WA, pp.(765-770).

81 - Li H. , Manjunath B.S. , Mitra S.K. "Multisensor image fusion using the wavelet transformation", Graphical Models Image Process . 57 (3) (1995), S.(235-245).

82 - Li, G., Alnuweiri, H., Wu, W., 1993. "Przyspieszenie rozmnażania pleców poprzez wstępne treningi wagi wstępnej z regułą Delta. W: Proceedings of an International Joint Conference on Neural Networks " , San Francisco, CA, pp. (580 - 585) .

83 - Lippmann, R.P., 1987. "Wprowadzenie do obliczeń z siatkami neuronowymi. "IEEE ASSP Mag. , PP.(4-22)

84 - Lisini G., Tison C., Cherifi D., Tupin F., Gamba P. , 2004 " Improving road network extraction in high resolution SAR images by data fusion" www.isprs.org/proceedings/XXXVI/8W27/dell'acqua_gamba_lisini.pdf?

85 - Liu X. & Zhang Z. & Peterson J. & Chandra S. 2007 " LiDAR-Derived High Quality Ground Control Information and DEM for Image Orthorectification" Geoinformatica (2007) 11:37-53DOI 10.1007/s10707-006-0005-9.

86 - Looney, C.G., 1996. " Postępy w dziedzinie sieci neuronowych przekazu paszowego: demistyfikacja wiedzy nabywającej czarne skrzynki " . IEEE Trans. Knowledge Data Eng. 8 (2), STR. (211-226) .

87 - Lu, D., Li, G., Moran, E., Dutra, L. i Batistella, M.,2011 " A Comparison of Multisensor Integration Methods for Land Cover Classification in the Brazilian Amazon" GIScience & Remote Sensing " , 2011, 48, No. 3, s. 345-370. DOI: 10.2747/1548-1603.48.3.345.

88 - Ludwig R. i Schneider P., 2006 , " Walidacja cyfrowych modeli wysokościowych SRTM X-SAR do zastosowań w modelowaniu hydrologicznym " ISPRS Journal of Photogrammetry & Remote Sensing 60 (2006) PP.(339-358) .

89 - Ma J., Yu J., Zhang J., Zhang Y., Bi Q., Wang G., Yang J. i Long Y., 2007 "Application research of image fusion technology on dynamic monitoring of land use " FIG working week Hongkong.

90- Maintz J.B.A. , Viergever M.A. " Badanie rejestracji wizerunku medycznego" Med. Image Anal. 2 (1) (1998), S. (1-36) .

91 - Mallat S.G. " A theory for multiresolution signal decomposition: the wavelet representation" IEEE Trans. Pattern Anal. Mallat S.G. " Teoria rozkładu sygnału wielorozdzielczego: reprezentacja falowa" IEEE Trans Pattern Anal. Intell. 11 (1989), S.(674-693) .

92 - Maren, A.J., 1991." Logiczna topologia sieci neuronowych. "W": Kontynuacja drugiego warsztatu na temat sieci neuronowych " , WNN-AIND 91.

93 - Masters, T., 1994. " Praktyczne receptury sieci neuronowej w C 11 " . Prasa akademicka, Boston, MA.

94- McCulloh, W.S., Pitts, W., 1943. "Rachunek logiczny idei immanentnych w aktywności nerwowej" . Byk. Matematyka. Biophys. STR.(5, 115 - 133) .

95 - Mena J.B.,2003 "State of the art on automatic road extraction for GIS update: a novel classification" Pattern Recognition Letters 24 (2003) 3037-3058.

96 - Minsky, M., Pappert, S., 1969. Perceptrony. MIT Press, Cambridge, MA. Moody, J., Yarvin, N., 1992. " Sieci z wyuczonymi funkcjami odpowiedzi jednostek " . W: Moody, J. et al. (Eds.). Advances in Neural Information Processing Systems, Vol. 4. Morgan Kaufmann, San Mateo, CA, pp. (1048 - 1055).

97 - Mohammadzadeh A. , Tavakoli A., i Zoej M. J. V., 2008 "Automatyczne wydobycie drogowe z Ikonos pan-ostrzonych obrazów przy użyciu morfologii matematycznej" www.gsi.ir/.../AUTOMATIC.ROAD.EXTRACTION.FROM.IKONOS.PAN.SHARPENED.IMAGES.USING.MATHEMATICAL.MOR.

98 - Müller, R., Reinartz, P. , Leaner M. i Schroeder M., 2009 "Comparison of the accuracy of DEM from spot hrs two-fold stereo data and hrs/hrg three-fold stereo data in barcelona test site " www.isprs.org/hrs/PDF/84.pdf accessed 11/1/2009.

99 - Najjar, Y., Basheer, I., Hajmeer, M., 1997. " Computational neural networks for predictive microbiology " . I. Metodologia. Int. J. Microbiol spożywczy. STR.(34, 27-49) .

100 - Nelson, M., Illingworth, W.T., 1990. "Praktyczny przewodnik do sieci neuronowych" . Addison-Wesley, Reading, MA.

101- Nguyen, D., Widrow, B., 1990. " Poprawa szybkości uczenia się dwuwarstwowych sieci neuronowych poprzez wybór początkowych wartości wag adaptacyjnych " . W. Nguyen: Proceedings of an IEEE International Joint Conference on Neural Networks, San Diego, CA, pp. 21 - 26.

102 - Ni, H., Gunasekaran, S., 1998. "Przewidywanie jakości żywności za pomocą sieci neuronowych" . Technol spożywczy. 5, 60 - 65.

103 - Nikolakopoulos K. G. , 2008 "Comparison of nine fusion techniques for very high resolution data" Photogrammetric Engineering & Remote Sensing Vol. 74, No. 5, May 2008, pp. (647-659).

104 - Norvelle, F. R., 1996" Zastosowanie iteracyjnego udoskonalenia ortofotomapy do generowania i korygowania cyfrowych modeli elewacji (DEM's In: Fotogrametria cyfrowa " : Aneks do Instrukcji Fotogrametrii, American Society for Photogrammetry and Remote Sensing, ISBN 1-57083-037-1.

105 - Pajares and Cruz,2004 " Samouczek rozpoznawania wzorców fuzji obrazów oparty na fali" 37 (2004) 1855 -1872.

106 - Pal, S.K., Srimani, P.K., 1996. " Neurocomputing: motywacja, modele i hybrydyzacja . "Computer March,PP.(24 - 28).

107 - Pandit V., 2009" Automatyczne wydobycie drogowe z obrazów satelitarnych wysokiej rozdzielczości" magister informatyki i inżynierii Międzynarodowy Instytut Informatyki INDIA.

108 - Peijun D., Linshan Y. , Junshi X. , Jianguo H., 2011. " Fusion and classification of Beijing-1 small satellite remote sensing image for land cover monitoring in mining area . " Chińska Nauka Geograficzna, 21(6): 656-665. doi: 10.1007/s11769-011-0505-x .

109 - Petropoulos G. P., Vadrevu K. P. , Xanthopoulos G., Karantounias G. i Scholze M. , 2010 " A Comparison of Spectral Angle Mapper and Artificial Neural Network Classifiers Combined with Landsat TM Imagery Analysis for Obrazowanie w celu uzyskania czujników mapowania obszaru poparzonego " 2010, 10, 1967-1985; doi:10.3390/s100301967.

110 - Pham, D.T., 1994. "Sieci neuronowe w inżynierii. W: Rzevski, G. et al. (Eds.), Applications of Artificial Intelligence in Engineering IX, AIENG /94, Proceedings of the 9th International Conference. Computational Mechanics Publications, Southampton " , str. (3-36).

111 - Poli , D., Dolci , C.and Remondino, F.,2009 "DTM extraction from middle-resolution satellite images for landscape modeling and GIS applications" http://www.photogrammetry.ethz.ch/general/persons/fabio/aster_barcellona.pdf accessed 11/1/2009

112 - Poon J. i Fraser C.S. , 2009 " Obrazowanie satelitarne wysokiej rozdzielczości w regionach oddalonych: A Case Study in Bhutan" Innovations in Remote Sensing and Photogrammetry, Lecture Notes in Geoinformation and Cartography, DOI 10.1007/978-3-540-93962-7_3, Springer-Verlag Berlin Heidelberg 2009.

113 - Pradnya M., Ruikar S.D.,2012, "Image Fusion Method Based On WPCA" International Journal of Advanced Research in Computer Science and Software Engineering Volume 2, Issue 5, May 2012 ISSN: 2277 128X.

114 - Prasad N. , Saran S. , Kushwaha S. P. S. i Roy P. S. " Evaluation of various image fusion techniques and imaging scales for forest features interpretation" CURRENT SCIENCE, VOL. 81, NO. 9, 10 LISTOPADA 2001.

115 - Ravibabu , M. V. i Jain, K. 2008 " Digital elevation model accuracy aspects" Journal of Applied Sciences 8(1) :134-139,2008 ISSN 1812-5654.

116 - Rosendfeld A. i M. Thurston " Wykrywanie krawędzi i krzywych do analizy sceny wizualnej " IEEE Trans. Comput. 20 (1971) 562 569 .

117 - Rumelhart, D.E., Durbin, R., Golden, R., Chauvin, Y., 1995. " Backpropagation: podstawowa teoria. W: Rumelhart " , D.E., Yves,

118 - Ruzgien B., 2007 "Porównanie cyfrowych systemów fotogrametrycznych" Geodezja i kartografia, 2007, Tom XXXIII, nr 3.

119 - S?vab A. i Os?tir K. " High-resolution Image Fusion": Metody zachowania rozdzielczości spektralnej i przestrzennej " Fotogrametria i teledetekcja Vol. 72, nr 5, maj 2006, str. (565-572).

120 - Saati M., Amini J., Sadeghian S. i Hosseini S.A. , 2008 "Generation of orthoimage from high-resolution DEM and high-resolution image" Scientia Iranica, Vol. 15, No. 5, pp(568-574) Sharif University of Technology, October 2008.

121 - San D. K. i Turker M., 2007"automatyczna ekstrakcja budynków z wysokiej rozdzielczości stereofonicznych zdjęć satelitarnych" www.isprs2007ist.itu.edu.tr/39.pdf?

122 - Sarup J. , Singhai A.,2011 " Techniki fuzji obrazów dla dokładnej klasyfikacji danych teledetekcyjnych " MIĘDZYNARODOWY JURNAL GEOMATYKI I GEOSCIENCJI Vol. 2, No. 2, 2011.

123 - Schmid C. , R. Mohr, C. Bauckhage " Ocena punktów zainteresowania" Int. J. Comput. Vision 37 (2) (2000) , PP.(151-172).

124- Schmidt, W., Raudys, S., Kraaijveld, M., Skurikhina, M., Duin, R., 1993. "Inicjacja, wsteczna propagacja i uogólnienie klasyfikatorów paszowych. "W": Kontynuacja IEEE International Conference on Neural Networks, str. 598-604.

125 - Shao-hui C., Hongbo S., Renhua Z., Jing T., 2008. " Fusing remote sensing images using a'trous wavelet transform and empirical mode decomposition Pattern Recognition Letters " 29 (2008) , PP . (330-342) .

126 - Sharma C. S. , Behera M. D. , Mishra A., Panda S. N. , 2011 " Ocena zmian pokrycia terenu spowodowanych powodzią przy użyciu teledetekcji i podejścia rozmytego w Gujaracie Wschodnim (Indie) Zarządzanie zasobami wodnymi " (2011) 25:3219-3246 DOI 10.1007/s11269-011-9853-7 .

127 - Shi W., Zhu C.Q., Tian Y., Nichol J. , 2005 " Wavelet-based image fusion and quality assessment " International Journal of Applied Earth Observation and Geoinformation 6 (2005) , PP(241-251).

128 - Sietsma, J., Dow, R.J.F., 1988. "Przycinanie sieci neuronowych - dlaczego i jak" . IEEE Int. Conf. Sieci Neuronowe 1, PP.(325 - 333) .

129 - Simpson, P.K., 1990. "Sztuczne Systemy Neuronowe. Fundamenty, paradygmaty, aplikacje i wdrożenia " . Pergamon Press, Nowy Jork.

130 - Sowmya B.and Hameed A.,2005 "Automatyczne wydobycie drogowe z obrazu satelitarnego".

131 - Specht, D.F., 1991. "Ogólna sieć neuronowa regresji" . IEEE Trans. Sieci neuronowe 2 (6), PP. (568 – 576) .

132 - Starck J.L., F. Murtagh, A. Bijaoui" Image Processing and Data Analysis: the Multi scale Approach" Cambridge, University Press, Cambridge, 2000.

133 - Stein, R., 1993. " Wybieranie danych do sieci neuronowych " . AI Expert , PP.(2, 42 - 47).

134 - Stollnitz E.J., DeRose T.D., Salesin D.H., "Wavelets for computer graphics: a primer". ", część 1, IEEE Comput. Graphics Appl 15 (3) (1995) , PP.(76-84).

135 - Sui, D.Z., 1992. "Wstępne badanie integracji sieci neuronowych z GIS dla celów podejmowania decyzji przestrzennych. W: Proceedings GIS " / LIS 92, San Jose, CA.

136 - Sulebak J. R., 2000 " Applications of Digital Elevation Models" DYNAMAP "White paper", 2000.

137 - Sun, X., Wang, Q., Zhu, D., 1997. "Funkcjonalne przybliżanie i przewidywanie: badanie porównawcze z sieciami neuronowymi i modelami regresji". In: Proceedings of Intelligent Engineering Systems Through Artificial Neural Networks " , ANNIE, s. (70 - 84).

138 - Swingler, K., 1996. "Zastosowanie sieci neuronowych. Praktyczny przewodnik " . Prasa akademicka, Nowy Jork.

139 - T. Lakhankar, H. Ghedira, Temimi M., Sengupta M., Khanbilvardi R. i Blake R., 2008 " Assessment of Non-parametric Methods for Soil Moisture Retrieval from Active Microwave Data" Proceedings of the 4th WSEAS International Conference on REMOTE SENSING (REMOTE'08).

140 - T. Lindeberg " Scale-Space Theory in Computer Vision, Kluwer, Norwell" MA, 1994.

141 - T.Sasaki, J.Imanishi, K. Ioki, Y. Morimoto i K. Kitada , 2011 " Obiektowa klasyfikacja pokrycia terenu i gatunków drzew poprzez połączenie lotniczego LiDAR-u i wysokiej rozdzielczości przestrzennej danych obrazowych Landscape " Ecol Eng DOI 10.1007/s11355-011-0158-z.

142 - Taha L.G.,2011" Nowa procedura wydobycia drogowego oparta na integracji klasyfikacji, morfologii matematycznej i odległości euklidesowej "38. doroczna konferencja dla Stowarzyszenia Egipskich Stypendystów Amerykańskich. AEAS 2010 26-29 Dec, 2011.

143 - Timmins, E.M., Goodacre, R., 1997. "Szybka analiza ilościowa dwuskładnikowych mieszanek szczepów Escherichia coli z zastosowaniem pirolizy spektrometrii masowej z kalibracją wielowymiarową i sztucznymi sieciami neuronowymi " . J. Appl. Microbiol. PP.(83, 208 - 218).

144 - Toutin , T., Briand , P., Chénier, R., 2004 " Generacja DTM z torowych zdjęć stereo "Spot hrs in track" " Międzynarodowe Archiwum Fotogrametrii i Teledetekcji Stambuł , 2004 .

145 - Twomey, J., Smith, A., 1997. "Zatwierdzenie i weryfikacja. W: Kartam, N., Flood, I. (Eds.), Artificial Neural Networks for Civil Engineers: Podstawy i zastosowania . "ASCE, s.(44 - 64).

146 - Upadhaya, B., Eryureka, E., 1992. " Zastosowanie sieci neuronowej do walidacji sensorycznej i monitorowania roślin . "Technol neuronowy. STR. (97, 170 - 176).

147- Vallejo-Cordoba, B., Arteaga, G.E., Nakai, S., 1995. "Predicting milk shelflfage based on artificial neural networks and head-space gas chromatographic data. "J. Food Sci. PP.(60, 885 - 888) .

148- van Rooij, A., Jain, L., Johnson, R., 1996. " Neural Network Training Using Genetic Algorithms . "World Scientific, Singapur.

149 - Vasuki S , Gandhimathi S. i Vinodhini S.M.,2012, " Analiza porównawcza fal w zastosowaniach fuzji jądrowej Międzynarodowa konferencja na temat pojawiających się trendów technologicznych w zaawansowanej inżynierii " Badania (ICETT'12) Postępowania opublikowane przez International Journal of Computer Applications (IJCA).

150 - von Neuman, J., 1958. "Komputer i mózg". "MIT Press, Cambridge, MA.

151 - Wang Y. , Yang X. , Stojic M. , Skelton B. "Toward Higher Automation and Flexibility In Commercial Digital Photogrammetric System".

152 - Wang Y., Yang X. , Stojic M. , Skelton B. "Toward Higher Automation and Flexibility In Commercial Digital Photogrammetric System" www.isprs.org/proceedings/XXXV/congress/comm2/papers/241.pdf?

153 - Werbos, P.J., 1974. "Beyond regression: new tools for prediction and analysis in the behavioral sciences . "PhD Thesis, Harvard University.

154 - White, H., 1990. " Connectionist nonparametric regression - wielowarstwowe sieci forwardowe mogą uczyć się dowolnych mapowań . "Sieci neuronowe PP(3, 535 - 549)" .

155 - Widrow, B., Lehr, M.A., 1990. " 30 lat adaptacyjnych sieci neuronowych: perceptron, Madalina, i propagacja wsteczna . "Proc. IEEE 78 (9), 1415 - 1442.

156- WU S., ZHAO Z., CHEN H., SONG C., LI M.,2012 " Ulepszony algorytm syntezy obrazów pochodzących z teledetekcji w oparciu o transformatę falową " Journal of Computational Information Systems 8: 20 (2012) 8621-8628 dostępny pod adresem http://www.Jofcis.com.

157 - Wythoff, B.J., 1993. " Backpropagation neural networks: a tutorial " . Chemometr. Intell. Laboratorium. Syst. 18, 115-155.

158 - Xiao H. , Zhang X., Du Y. " A Comparison of Neural Network, Rough Sets and Support Vector Machine on Remote Sensing Image Classification"7 WSEAS Int. Conf. on APPLIED COMPUTER & APPLIED COMPUTATIONAL SCIENCE (ACACOS '08), Hangzhou, Chiny, 6-8 kwietnia 2008.

159 - Yakhdani F. M. i Azizi A.,2010 " Ocena jakości technik syntezy obrazu dla wielosensorowych obrazów satelitarnych wysokiej rozdzielczości (studium przypadku: IRS-P5 i IRS-P6) " ISPRS TC VII Sympozjum - 100 lat ISPRS, Wiedeń, Austria, 5-7 lipca 2010, IAPRS, Vol. XXXVIII, cz. 7B.

160 - Yi Luo b,d, Stefan Wunderle, 2009" Impact of orthorectification and spatial sampling on maximum NDVI composite data in mountain regions " Remote Sensing of Environment 113 (2009) 2701-2712.

161 - Yu, X., Loh, N., Miller, W., 1993. "Nowa technika przyspieszania dla algorytmu propagacji wstecznej. "W": Proceedings of the IEEE International Conference on Neural Networks " , San Francisco, CA, pp. (1157-1161).

162 - Yuhendra , K. H., i Sumantyo J. T. S.,2010 , " Performance Analyzing of High Resolution Pan-Sharpening Techniques: Zwiększanie jakości obrazu do klasyfikacji przy użyciu nadzorowanej maszyny wektorowej wspomagającej jądro" WYBRANE TEMATYKI w SYSTEMACH ZASILANIA i WYŚWIETLANIA ZDALNEGO .

163 - Zaika, L.L., Moulden, E., Weimer, L., Phillips, J.G., Buchanan, R.L., 1994. " Model łącznego wpływu temperatury, początkowego pH, stężenia chlorku i azotynu sodu na wzrost beztlenowy Shigella flexneri ". Int. J. Microbiol spożywczy. STR.(23, 345-358).

164 - Zaky K.M. Ghoneim A.A.,Shebl S.A.,Salah M .,2006 "Poszukiwanie nowej procedury wydobycia drogowego z obrazów satelitarnych wysokiej rozdzielczości" CERM vol(28) No.3 October 2006 , PP.(1104-1115).

165 - Zhang Y. , 2008 " Metody oceny jakości syntezy obrazu" - Przegląd, porównanie i analiza międzynarodowych archiwów Fotogrametrii, Teledetekcji i informacji przestrzennej " Tom XXXVII. Część B7. Pekin.

166 - Zhou G. , Song C., Simmers J., Cheng P.,2004"Urban 3D GIS From LiDAR and digital aerial images" Computers & Geosciences 30 (2004) 345-353.

167 - Zupan, J., Gasteiger, J., 1991. "Sieci neuronowe: nowa metoda rozwiązywania problemów chemicznych czy tylko faza przelotowa? " Anal. Chim. Acta 248, 1 - 30.

168 - Zupan, J., Gasteiger, J., 1993. "Sieci neuronowe dla chemików. Wprowadzenie " . VCH, Nowy Jork.

yes

I want morebooks!

Buy your books fast and straightforward online - at one of world's fastest growing online book stores! Environmentally sound due to Print-on-Demand technologies.

Buy your books online at
www.morebooks.shop

Kaufen Sie Ihre Bücher schnell und unkompliziert online – auf einer der am schnellsten wachsenden Buchhandelsplattformen weltweit! Dank Print-On-Demand umwelt- und ressourcenschonend produzi ert.

Bücher schneller online kaufen
www.morebooks.shop

KS OmniScriptum Publishing
Brivibas gatve 197
LV-1039 Riga, Latvia
Telefax: +371 686 204 55

info@omniscriptum.com
www.omniscriptum.com

Printed by Books on Demand GmbH, Norderstedt / Germany